La Revanche des pros

Dylan Ayissi

La Revanche des pros

L'enseignement professionnel, une voie pour tous

Éditions de L'Observatoire

ISBN : 979-10-329-3333-6
Dépôt légal : 2025, mars

170 *bis*, boulevard du Montparnasse, 75014 Paris

À Florence,
à Bagneux,
à Une voie pour tous,
à nos enseignants et enseignantes,
aux pros.

« Vu que leur seul souhait est que tu squattes la “téci”

On te jette en BEP quand tu souhaites faire une fac de lettres »

Oxmo PUCCINO,
« Qui peut le nier ? »

Introduction
Genèse d'un engagement

Nous sommes en 2022. J'interviens dans un lycée professionnel du 93, dans le cadre d'ateliers autour des simulations d'entretien d'embauche. Seul du groupe d'intervenants ayant été scolarisé dans un lycée professionnel, je sais parfaitement à quel type d'ambiance je vais être confronté : plusieurs trajectoires accidentées qui se croisent, et la fin de l'adolescence qui rejoint péniblement la réalité du monde des adultes. Je le sais, pour m'être déjà retrouvé à la place de ces ados.

Très vite, pour certains élèves, les simulations d'entretien se transforment en thérapie. Je pense là à ceux – aux profils majoritairement féminins – qui ont un besoin insatiable de partager leurs tranches de vie, leurs accidents de parcours et leurs blessures de jeunesse, comme s'il s'agissait d'une étape obligatoire avant de pouvoir s'acclimater au monde professionnel. Des récits comme il en existe tant, dans tous les territoires défavorisés de la République. Mais la particularité de cet atelier, pour les personnes qui l'animent, c'est la concentration de « cas sociaux », au sens le plus littéral possible.

Durant cette matinée d'intervention, alors que j'échange avec des élèves sur leurs ambitions post-bac, une d'entre eux me fait part de son vœu le plus cher : devenir chirurgienne. Il peut bien sûr s'agir de la lubie d'une enfant de 14 ans ; et je ne manque pas de l'encourager dans son projet, naturellement. Mais je ne peux m'empêcher de me dire qu'à son insu, tout sera mis en œuvre pour la dissuader de poursuivre un tel rêve. D'une part parce qu'elle est une fille, d'une ville et – *a priori* – d'un milieu défavorisé ; d'autre part parce qu'elle est scolarisée en « pro ». Et puis, comment pouvons-nous envisager un échange sur le monde professionnel taillé pour des adolescentes de 14 ans, alors qu'elles ne sont pas remises de blessures sociales et familiales traumatisantes ?

La conclusion de cette matinée se résume à quelques larmes d'élèves et à des intervenants déstabilisés devant une telle densité de problématiques sociales. De mon côté je ressens presque, à ce moment-là, une satisfaction paradoxale : celle d'observer que la violence de la réalité de ces établissements, dans lesquels j'ai été scolarisé moi-même, ne se jouait pas que dans mon imagination. De voir que cette question du lycée professionnel, restée un point aveugle des débats sociaux, provoque de telles réactions chez des personnes pourtant sensibilisées aux inégalités.

Lorsqu'en 2016, j'ai pris connaissance de mon orientation en bac pro gestion-administration, je n'ai pas eu l'occasion d'être surpris par mon sort. Me revient seulement une légère amertume à l'idée de n'avoir obtenu que le dernier de mes dix vœux – déjà contraints ! – dans un établissement d'une ville aisée des Hauts-de-Seine. Il faut dire qu'après un passage au collège émaillé de difficultés et de fragilités (en termes de travail, de comportement ou de ponctualité), je me suis rapidement résigné, poussé par certains enseignants toutefois, à me rabattre sur la voie professionnelle dans mon projet d'orientation. Comme s'il s'agissait du wagon de la dernière chance avant le décrochage.

À ce moment-là, les commentaires de certains membres de l'équipe éducative au sujet de mon orientation m'ont fait éprouver une véritable honte, déclencheur de colère et d'incompréhension. Je sais qu'elle est encore un moteur aujourd'hui.

Il y avait bien un domaine où j'étais sur le podium – toujours premier ou deuxième de la classe ! –, je veux parler de mon taux d'absentéisme. Mais je repense à la faiblesse de mes notes... Aujourd'hui, j'avoue avoir du mal à comprendre comment j'ai pu tomber à une moyenne générale aussi basse : autour de 5/20 ! Un chiffre qui ne reflète évidemment pas de simples lacunes, mais des retards bien plus profonds, qui nécessitent des réponses étalées sur l'ensemble du parcours scolaire.

En parallèle de ma scolarité qui m'emmenait droit dans le mur, je me livrais au vagabondage. Je me voyais alors comme un aventurier. Et j'étais bien moins l'élève de mon collège que l'enfant des structures sociales et jeunesse de Bagneux, ma ville natale, cette grande commune de 44 000 habitants au sud de Paris, récemment reliée à la capitale par le métro. Rapide tableau : ma mère nous y élève seule, mon frère et moi. Quand je parle d'elle, de son métier, j'utilise toujours un mot de gosse : *nounou.* Mais il faudrait dire *assistante maternelle* ou *garde d'enfants.* Elle gardait les enfants des autres pour avoir de quoi nous élever. Moyennant quoi, elle partait tôt le matin et rentrait tard le soir. J'ai eu l'occasion d'écumer les centres aérés, j'en ai connu *beaucoup* ; je pourrais écrire un guide des centres aérés des Hauts-de-Seine.

C'est dans l'un de ces lieux si souvent mornes, où le temps s'écoule plus lentement qu'ailleurs mais qui représente une réelle nécessité dans l'évitement de l'ennui, que j'ai vécu l'un de mes moments fondateurs. Il y avait un petit attroupement de jeunes autour d'une des tables du réfectoire : deux « grands » (peut-être lycéens), assis chacun d'un côté de la table, y débattaient sabre au clair, de je ne sais plus quelle question politique du moment. Qu'importe finalement le sujet - ce qui compte, c'était la prestance, la gestuelle, le style, l'ardeur du propos. D'une simple formule, l'un ou l'autre pouvait faire rire ou réagir toute cette petite assistance ; sans ballon, sans micro, sans guitare, ils tenaient captive une assemblée. Dans mon regard de jeune garçon, il y avait de l'envie, et déjà de l'ambition.

Je savais déjà que l'école ne ferait pas tout. Elle ne ferait même peut-être rien. Je savais que je n'y serais jamais un des meilleurs, qu'on ne m'y décernerait pas de médaille. Mais je pouvais trouver un autre espace de valorisation, une autre échelle de réussite. Je me suis alors mis à regarder les émissions de débat. « Ce soir ou jamais », « On n'est pas couché », ou encore « Tout le monde en parle » – des noms qui pourront paraître *anachroniques* aux plus jeunes lecteurs, j'en ai conscience... Je les ai toutes mangées, poussé par un besoin, celui de ne me faire ni entendre ni voir. J'y voyais défiler ces personnes qu'on appelle des intellectuels, avec un style propre, des références ciselées et une classe démonstrative.

J'ai, inconsciemment, fait le choix à ce moment-là de tout investir sur la forme. Était-ce pour me sentir protégé par une carapace qui tromperait mon interlocuteur ? Pour impressionner les autres ? N'importe qui – n'importe où – pour une fois ! Ou bien, soyons charitables, ne l'excluons pas : par curiosité réelle, et goût de la vérité ? Je me posais mille questions. Comment font-ils pour capter l'attention de la sorte ? Les interactions à la télé sont-elles réelles, ou ne sont-elles qu'un jeu de rôles ?

Cet intérêt pour la virtuosité du débat (que j'appelais alors simplement « la forme ») fut à l'origine de séquences étonnantes avec mes enseignants d'alors. Comme lorsqu'à quelques semaines d'écart, je montais le premier club de débat de mon deuxième collège (aidé par un des assistants d'éducation), puis étais convoqué en conseil pédagogique et disciplinaire pour mauvaises notes, mauvais comportement et absentéisme. Ou cet autre épisode où, pour éviter une exclusion temporaire, j'ai été envoyé en stage, histoire de « prendre l'air ». Par un heureux concours de circonstances, je l'ai effectué... à l'Assemblée nationale ! Ironie du sort : la vocation de cette initiative de l'équipe pédagogique était plutôt de me faire accepter une orientation en voie professionnelle. Mauvais calcul. Pour moi, l'Assemblée, c'était mieux que Disneyland ! La noblesse des débats – même lors des conflits –, la coupe des costumes, la complexité des arguments... Même si cette semaine fut courte, je me souviens du bureau qui m'a été dédié, au sein du secrétariat général d'un groupe parlementaire. Je me souviens des réunions intenses, de la bienveillance de mes tuteurs. Je me souviens des gens pressés, et du bruit de mes chaussures de ville, achetées pour l'occasion, qui claquaient sur le marbre du sol – ainsi que du reste de mon accoutrement, pas très approprié comme je m'en rends compte aujourd'hui. Je me souviens que j'ai été réellement valorisé, à ma grande surprise, et pour la première fois de ma vie. J'entrevoyais enfin un chemin ; pourtant, cette bulle que je m'étais construite allait devoir affronter un obstacle de taille : l'orientation.

Le premier jour de ma vie de lycéen en établissement professionnel se résume en un terme : désengagement. Imaginez une classe exclusivement composée d'éléments considérés comme perturbateurs ou à problèmes dans leur parcours antérieur... L'état d'esprit qui y régnait, un détail suffit à le saisir : la difficulté qu'ont eue les enseignants à vanter les opportunités censées s'offrir à nous après l'obtention du diplôme. À un âge où rêver est un devoir ! Nous étions des élèves perdus, trimbalés de conseils de discipline en convocations diverses. Des élèves qui se retrouvaient par accident – de parcours et/ou de scolarité – dans des filières pour lesquelles ils n'éprouvaient aucun intérêt. J'ai vu flotter devant mes yeux pour la première fois le spectre du décrochage scolaire, qui n'avait pas fini de nous hanter, tous autant que nous étions. De fait, l'année de seconde n'a été que conflits avec une partie de l'équipe éducative et absences, pour ne pas changer mes habitudes. Comme beaucoup, j'en voulais à je ne sais trop qui d'avoir voulu stopper net mes ambitions. L'échec était alors consommé ; c'était presque la fin du film, et le début de décennies de galère.

« Le premier jour où vous mettez un pied au collège, les enseignants savent parfaitement qui sera plus tard orienté vers la voie générale, qui vers la voie professionnelle », me disait mon professeur d'anglais. Et en effet, au-delà de la question purement scolaire, l'enjeu que pose la voie professionnelle est celui de la capacité de notre société et de notre école à respecter sa promesse d'équité et d'égalité. Voyez plutôt : un enfant issu de milieu social défavorisé a 93 % de chances en plus d'être orienté vers une voie professionnelle, comme le rapporte une étude de Sciences Po-LIEPP en 2014[1]. La connaissance de ce chiffre m'a fait l'effet d'une rafale

1. Nina Guyon & Élise Huillery, « Choix d'orientation et origine sociale : mesurer et comprendre l'autocensure scolaire », Sciences Po-LIEPP, 2014.

lorsque je l'ai découvert. Un chiffre venait corroborer mon impression que quelque chose n'allait pas, et que la chose était connue depuis longtemps. Que les dés étaient pipés. Dans un rapport de Yaël Brinbaum publié en 2019 sur les trajectoires des enfants issus de l'immigration[1], la chercheuse au CNAM nous apprend – noir sur blanc – que les trois quarts des garçons issus de l'immigration subsaharienne sont orientés vers la voie professionnelle, ainsi que plus de la moitié de ceux originaires du Portugal et de la Turquie. Le lycée professionnel incarne donc la défaillance de la promesse républicaine ; mais c'est aussi pour ça qu'il en incarne également l'espoir. Les enjeux sont nombreux et ils sont forts ; je suis persuadé que ce qui fonctionnera avec les personnes les plus en difficulté irriguera le reste du système et pourra contribuer à le réparer.

Ce livre raconte une aventure, celle de l'enseignement professionnel. Une filière qui raconte aussi quelque chose de l'école française. Il suit également mon évolution, plus personnelle. Au départ de mon engagement, il y avait surtout de la colère, celle de voir des destins brisés, freinés par des éléments sur lesquels ils n'avaient pas de pouvoir. D'assister au combat permanent que certains menaient pour plus de justice éducative, sans voir le fruit de leurs efforts. De constater que

1. Yaël Brinbaum, « Trajectoires scolaires des enfants d'immigrés jusqu'au baccalauréat : rôle de l'origine et du genre », *Éducation et formations*, n° 100, 2019.

la reproduction sociale, d'abord une idée, se transformait en éléments très concrets, en parcours de vie, et que cette réalité allait durablement s'inscrire dans de vraies trajectoires, celle de personnes en chair et en os. Mais la colère à elle seule ne règle rien. Il est inutile de tourner en rond et d'en vouloir au monde entier, au « système », aussi concret soit-il parfois.

Contrairement aux structures associatives qui, si elles ont le mérite d'exister, finissent par se nourrir du mal des autres, sans perspectives de transformations durables, j'ai voulu, avec mes acolytes, penser des solutions de politique publique. Ne jamais tomber dans le confort du porte-parolat de la souffrance des autres, et faire des obstacles qui ont jalonné mon parcours autant de chances. Définir des objectifs de transformation qui, s'ils étaient atteints, nous permettraient de disparaître en tirant notre révérence. Ne pas être rentiers des inégalités. C'est d'ailleurs à cela que j'appelle le monde associatif, notamment celui qui prône la très convoitée égalité des chances. Plus que jamais, la politique publique doit être au cœur de nos actions. Constamment, nous devons nous efforcer de réfléchir à des solutions concrètes, au-delà de nos actions respectives. Sans cela, nos structures resteront cantonnées à de la sous-traitance publique, sans changer grand-chose.

Aujourd'hui, la voie professionnelle concerne un peu moins de 650 000 élèves, soit un tiers des jeunes scolarisés dans l'enseignement secondaire. En tout, les élèves se répartissent dans plus de 200 spécialités : il y a déjà là un ménage à faire, tant ce labyrinthe est inutilement complexe. Cela concerne un quart de la population française - actuels et anciens élèves confondus -, c'est donc loin d'être un sujet de niche comme certains peuvent le penser. L'objet de cet essai est de retracer l'histoire de la voie professionnelle et de s'interroger sur sa place dans notre société. De la mettre, véritablement, au centre du jeu. Que dit-elle de notre relation à l'épanouissement personnel, de la question du sens au travail, des fractures territoriales et, évidemment, des fractures sociales ? Que dit-elle de l'assignation à résidence et de notre difficulté à dessiner un projet de société commun ?

C'est pour obtenir des changements concrets et rapides que j'ai créé mon association, Une voie pour tous. On pourrait se dire que moi, Dylan, avec ma situation, j'ai pris ma revanche. Mais je ne l'aurai vraiment prise que quand tous les « pros » auront eu le droit à leur revanche.

Le *lycée pro* est le miroir de notre école ; il est temps que nous le regardions en face.

I. Une orientation subie

Pour prendre le pouls d'une société, je ne connais pas de meilleur sismographe que le rap. Dans mes errances d'adolescent, j'ai été accompagné par des voix récurrentes à l'intérieur de mon casque, notamment celle de l'autoproclamé « Black mafioso », alias Oxmo Puccino, iconique rappeur parisien.

Lui, comme quelques autres de la fin des années 1990, ont su mettre des mots sur ce qu'était l'orientation en lycée pro : avant tout un stigmate, un sujet de honte et de moqueries. C'est par ce fait, majeur, que je voudrais commencer.

Dans un premier album solo, *Opéra Puccino*, sorti en 1998, Oxmo raconte sans mâcher ses mots son expérience scolaire :

Puis à l'école, hein, l'école
Tu demandes à chaque mec des cités :
« T'as quoi comme diplôme, m'fin, comme brevet ? »
Il va te sortir : « J'ai un BEP, moi !
– "BEP", tu crois qu'tu vas faire quoi avec un BEP, hein ?
Eh, combien de millionnaires en BEP, hein ? »

Aujourd'hui, tu vas voir la conseillère d'orientation
Elle te sort : « Ouais, moi j'ai un bon plan pour vous, faites un BEP chaussures[1].
– Hé, j'lui fais, moi, les gens ils m'ont attendu pour marcher, moi ? »

Dans un autre morceau du même album, l'artiste qui a grandi près de la place des Fêtes reprend :

Vu que leur seul souhait est que tu squattes la "téci"
On te jette en BEP quand tu souhaites faire une fac de lettres[2].

Plus récemment, Soprano, la star marseillaise, décrivait quant à lui :

Ma conseillère d'orientation m'oriente en BEP
Elle me verrait bien maçon, ou agent de sécurité
Moi j'sais pas ce que je veux faire
Pourquoi faire un taf honnête[3]...

Comme on le voit, ces trois petites lettres – BEP – constituent un point de cristallisation pour ces artistes. Le BEP, c'est le brevet d'études professionnelles, un diplôme qui n'existe plus mais qui venait sanctionner deux ans d'études en lycée professionnel, comportant des cours théoriques et des enseignements

1. Oxmo Puccino, « Peu de gens le savent (Interlude) », *Opéra Puccino*, 1998.
2. Oxmo Puccino, « Qui peut le nier ? », *Opéra Puccino*, 1998.
3. Soprano, « Ils nous connaissent pas », *Cosmopolitanie*, 2014.

professionnels, liés à l'apprentissage d'un métier spécifique (cordonnier, par exemple, comme l'a bien retenu Oxmo Puccino). Il constituait, via deux ans supplémentaires d'enseignement, le bac pro d'aujourd'hui. Néanmoins, le BEP restait plus généraliste que le CAP (certificat d'études professionnelles).

La liste de textes évoquant le traumatisme que peut représenter une orientation subie, ou une rencontre avec la fameuse conseillère d'orientation, pourrait encore s'allonger. Mais les quelques extraits partagés ci-dessus traduisent parfaitement l'état d'esprit qui régnait alors dans le rapport que ces première ou deuxième générations d'immigrés entretenaient avec l'école. Hélas, ce sentiment est encore aujourd'hui existant dans toute une partie de notre jeunesse.

« On était mis de côté, pas regardés de la même façon »

Pour ce livre, j'ai souhaité m'entretenir avec un certain nombre de personnes passées par les établissements d'enseignement professionnel. Ce sont leurs témoignages qui permettront de saisir la réalité de ces filières.

« Rêveur » ! Samy, aujourd'hui cadre dans une structure associative, a vu plus d'une fois ce mot orner ses bulletins de collégien. Originaire de Rouen, en Seine-Maritime, où il réside toujours, Samy grandit dans le quartier des Hauts-de-Rouen, qui rassemble plusieurs cités. Il décrit une enfance de quartier classique, avec une particularité : de la maternelle au lycée, il est resté dans la même rue. « Je n'ai quasiment pas bougé de ce territoire ! » Ici, l'absence de perspective fait penser à la peinture : aucune ligne de fuite. Une absence que comble un peu la richesse du tissu associatif local qui anime son quotidien, « les MJC, les centres sociaux, les clubs de foot... »

Dernier d'une famille comptant deux sœurs aînées, il est guidé par une mère qui fait tout pour qu'il réussisse à s'en sortir. De son propre aveu, il n'a pas vraiment apprécié l'école pour le contenu de l'enseignement, mais plutôt pour tout ce qu'il y avait autour. Cependant...

« J'avais un prof, Jean-Michel B., un professeur engagé issu d'une famille de militants, qui m'a donné le goût de pas mal de choses. On a fait toutes les sorties possibles, tous les musées. Pour financer notre sortie de fin d'année, on devait récolter de l'argent ; alors on a créé un journal, *Le Petit Nestor*, où on parlait d'actualité. Je me souviens d'avoir fait un article sur la guerre en Irak, à cette époque. »

Dès le collège, Samy décrit une ambiance différente, plus brutale. Des profs moins bienveillants, qui plafonnent les ambitions.

« À l'époque, je voulais devenir journaliste sportif. J'ai eu une enseignante qui m'a dit d'arrêter de rêver ! Qu'au mieux, je pourrais faire des piges. La parole du prof, à ce moment de ta vie, elle compte tellement. »

Sa relation avec ses professeurs se dégrade au point de ne plus avoir le droit d'assister à certains de ses cours.

En fin de troisième, la voie générale n'est même pas une option, et qu'importe si cette dernière correspond à son envie. Le verdict est sans ambages : ce sera un BEP.

« Ma sœur avait fait la voie générale, et ma mère voulait absolument que je suive son exemple... C'était la voie royale. Parce que BEP, voie pro, ça avait une mauvaise image. Il fallait éviter à tout prix le lycée Grieu, celui des métiers. »

Quelques discussions avec des amis confirment ce diagnostic, et certaines tournent même au clash.

Samy est donc scolarisé dans un lycée polyvalent, où cohabitent des élèves de la voie professionnelle et des élèves des voies générale et technologique. Et lorsqu'il est question des relations entre les élèves des différentes filières...

« Tu sentais qu'eux et nous, ce n'était pas pareil. On avait clairement l'impression d'être mis de côté, de ne pas être regardés de la même façon. Mais on aimait aussi en jouer. Les élèves de la voie générale, on n'hésitait pas à aller les titiller un peu. Mais la séparation était là, clairement visible. »

De sa scolarité en BEP compta – hier bac pro gestion-administration et aujourd'hui AGOrA, pour assistance à la gestion des organisations et de leurs activités –, il se rappelle d'abord une rentrée intéressante.

« Quand le proviseur fait l'appel, je me rends compte que ça va être compliqué [*rires*]. Il y avait tout mon quartier qui était là ! Venant des trois collèges ! Et c'était vraiment pas le haut du panier... On s'est regardé, et on s'est dit *waouh* ! Il n'y avait que des garçons, avec des mecs plus grands que moi. L'un d'eux venait même en voiture, alors que moi, j'avais 15 ans. »

À cette époque, le BEP compta est à grande majorité masculine, symétriquement au BEP secrétariat, exclusivement féminin. Samy se rappelle alors une anecdote frappante.

« Un jour, le proviseur du lycée est arrivé dans notre classe. Il s'est mis à déclamer un genre de poème qu'il avait écrit, contenant tout ce qu'il nous reprochait, les portes qui claquent, les cris dans les couloirs... Et il a fini par nous dire : “Mon objectif à la fin est de tous vous virer, et que vous finissiez en prison. À bon entendeur.” »

Samy, après cet épisode d'une violence immense, me décrit une classe apathique, pas spécialement révoltée par les propos qui venaient d'être tenus – c'est finalement la professeure devant eux ce jour-là qui fut la plus décomposée. En fin de compte, le proviseur réussira à virer la moitié de l'effectif.

De son passage au lycée, il garde un bon souvenir, davantage pour l'ambiance que pour les enseignements. Les profs lui font d'ailleurs remarquer qu'on le voit « plus souvent dans les couloirs qu'en cours » !

Si son ambition de devenir journaliste a été tuée dans l'œuf par cette orientation néfaste, il a toutefois souhaité aller au bout de son parcours, pour sa mère.

Le bac pro, qu'est-ce que c'est ?

À ce stade, il faut tout de même éclairer un peu les choses. Car l'enseignement professionnel n'est pas une évidence pour tout le monde ; c'est d'ailleurs une partie du problème, quand on connaît la proportion de Français qui est passée et passera sur ses bancs.

Commençons par rappeler que l'instruction - et non l'école - est obligatoire en France de 3 à 16 ans révolus. On le doit à Jules Ferry et à la loi de 1882 qui porte son nom : en 1882, l'instruction n'était obligatoire que jusqu'à 13 ans.

L'école primaire dispense un enseignement commun. D'abord différencié, le collège est devenu unique en 1975 avec la loi Haby (du nom du ministre de l'Éducation de l'époque), ce qui a massifié l'enseignement. Cette grande réforme était portée par le président de la République Valéry Giscard d'Estaing.

C'est après le collège que les choses se compliquent : le chemin se divise alors en deux grandes voies. La voie professionnelle d'un côté, et de l'autre, une voie elle-même divisée entre générale et technologique, qui a la classe de seconde en commun. C'est seulement après celle-ci que les élèves se séparent, les uns en première puis terminale générales, les autres en première puis terminale technologiques (ce sont les huit bacs technologiques, ou « techno », qui portent les doux noms de STMG, STHR, STAV...). La voie générale (anciennement connue sous le nom de « S, L, ES » jusqu'à la réforme de 2020) a pour but premier l'enseignement supérieur : elle prépare à l'université, aux classes préparatoires ou aux grandes écoles. La voie technologique peut être médicale, gastronomique, artistique, et prépare à l'enseignement supérieur, notamment le BUT, le BTS, les licences professionnelles et au-delà.

Pour donner une échelle, en 2023, 79,3 % d'une génération a obtenu le baccalauréat. Sur ce pourcentage, 43,6 % ont obtenu le bac général, 20 % le bac professionnel, et 15,7 % le bac technologique[1].

Mais revenons un peu à la voie professionnelle. Elle aussi se subdivise en deux voies bien distinctes : celle qui mène au « bac pro », d'une part, et passe par une seconde, une première et une terminale professionnelles. D'autre part, la voie du CAP, qui favorise une insertion rapide dans le monde professionnel : c'est un diplôme qui se prépare en deux ans après la classe de troisième. Notons qu'un CAP peut aussi s'obtenir en formation continue, après une reprise d'études à l'âge adulte.

Ce dont je parle majoritairement dans cet essai, c'est du « bac pro » et des années qui y mènent en lycée professionnel.

Il existe à l'heure actuelle une centaine de spécialités de baccalauréat professionnel. Les titulaires de ce diplôme sont censés être amenés à exercer une activité professionnelle qualifiée ; ils peuvent – en théorie – également poursuivre des études, notamment en section de technicien supérieur (STS).

---

1. DEPP, 2023.

Dans mon cas, ce fût la gestion-administration, dont j'ai obtenu le diplôme en 2019 ; mais en lycée professionnel, on peut aussi étudier l'aéronautique, le bâtiment, la cybersécurité, la photographie, ou encore la cordonnerie chère à Oxmo Puccino.

Depuis 2020, il est demandé au lycéen de lycée pro, à la fin de sa scolarité, de réaliser un chef-d'œuvre. Rassurez-vous, il ne s'agit pas (forcément) d'écrire *Le Rouge et le Noir* ou de composer une symphonie…

Un chef-d'œuvre, dans le sens des compagnons, c'est le travail qu'on produit à la fin de ses études, pour faire montre de la maîtrise d'une spécialité. Chez les compagnons, ce peut être un buffet charcutier, une sculpture en chocolat ou un vaisselier en bois… Pour nos lycéens pro, c'est le même principe : c'est l'aboutissement d'un projet pluridisciplinaire, individuel ou collectif, qui s'appuie sur les compétences transversales et professionnelles travaillées par l'élève ou l'apprenti. Construit sur les deux années de formation pour le CAP et sur une année pour le baccalauréat professionnel, il est évalué en fin de cycle, par un examen.

« Le lycée pro ? L'un de mes derniers vœux »

Cédric Boukhelifa est proviseur dans un lycée professionnel de Marseille (13) depuis maintenant un peu plus d'un an. C'est sa deuxième expérience en *pro*, après qu'il a fait ses preuves dans plusieurs collèges en éducation prioritaire. Né en Algérie dans les années 1960, il arrive en France avec ses parents et sa fratrie dans le Vaucluse ; l'investissement à l'école est alors un impératif. Il se définit lui-même comme un bon élève, qui commence un lycée général en série scientifique avant de bifurquer vers la série économique. Son « défi de l'orientation » se pose à la fin de l'enseignement secondaire. Cédric n'a aucune idée de ce qu'il veut faire, à part qu'il veut pousser plus loin les études. « Seul, livré à [lui]-même », il n'a d'autre choix que de se reposer sur sa conseillère de « désorientation » (le mot est de lui), qui minimise ses qualités et capacités. Sur les recommandations de cette dernière, il s'engage dans un diplôme universitaire technique (DUT) en technique de commercialisation, qu'il délaisse rapidement pour une licence administration économique et sociale (AES).

Après une pause dans ses études, il réussit à passer le concours pour intégrer l'Institut de sciences politiques d'Aix-en-Provence et en sort diplômé. À ce moment-là, il n'a toujours aucune vocation précise. Une fois la nationalité française en poche, il passe le concours de CPE. Avec le recul, il se souvient qu'à cette époque, les meilleurs élèves étaient ceux issus de l'immigration, et même de milieux sociaux défavorisés. Les principales causes sont, selon lui, à chercher du côté des cellules familiales de certaines immigrations : lorsque le foyer est structuré, l'investissement dans l'école y est plus fort, et un poids plus important repose sur les épaules des enfants, les obligeant à exceller.

Dans un rapport publié en 2023, le service ministériel France Stratégie rappelle d'ailleurs que, si l'origine ethnique implique de fait des freins divers, le principal élément de distinction dans le parcours scolaire est à observer dans les origines sociales. Selon ce rapport, l'origine sociale et le capital culturel demeurent, comme pour les autres enfants, le déterminant majeur des trajectoires des enfants d'immigrés. « Si les élèves avec deux parents immigrés sont proportionnellement un peu plus nombreux dans la voie professionnelle, ajoute le rapport, à caractéristiques sociales et familiales contrôlées, ils se retrouvent – pour la plupart des origines – moins souvent dans les filières professionnelles que les enfants sans ascendance migratoire. Dans la voie générale, ils suivent des trajectoires proches de celles des autres enfants de même catégorie sociale. Ils risquent moins de terminer leur scolarité sans diplôme et, à l'exception des garçons d'origine subsaharienne, ils accèdent davantage au baccalauréat général et technologique[1]. »

Lorsqu'il prend la direction d'un collège à Épinay-sur-Seine, c'est pour Cédric la première expérience de pilotage d'un établissement. Selon lui, la priorité pour redresser un établissement se trouve dans l'environnement scolaire. Il met un point d'honneur à agir, dès son arrivée, sur les questions de climat scolaire, d'ambiance et d'atmosphère. Si les élèves évoluent dans de bonnes conditions d'apprentissage, leurs résultats suivront. Durant son passage au sein de ce collège, les résultats ne se font pas attendre. Le taux de réussite au brevet des collèges passe de 70 %

1. « La force du destin : poids des héritages et parcours scolaires », France stratégie, septembre 2023.

à 94 %. Lorsqu'il est arrivé dans cet établissement, le passage des élèves vers la seconde générale plafonnait à 50 %. À la fin de sa première expérience de direction, ils sont 80 % à obtenir leur orientation vers ce Graal.

« Si tu vas en REP et REP+[1], le taux d'orientation vers *la pro* sera généralement de 50 à 60 % (soit 10 à 20 points de plus que la moyenne nationale). Dans un autre collège dont j'étais le principal adjoint, c'était énorme ! Je crois qu'on avait 70 % des élèves qui allaient en pro, et sur ceux qui allaient en voie générale, une majorité n'y réussissait pas. Ils étaient alors soit réorientés en pro, soit ils redoublaient. »

Cédric va même jusqu'à considérer que, plus que la réussite au brevet, la santé d'un collège se cache dans les chiffres de l'orientation des élèves. Après cet établissement, il devient principal dans un collège au cœur de Paris. Il le décrit comme un « ghetto » lorsqu'il y met les pieds. Mais son envie et sa capacité d'imprimer sa marque – qu'il définit lui-même comme « théâtrale » – portent aussi leurs fruits. La lutte sans merci qu'il mène contre l'absentéisme permet de passer de 12 % à 4 % d'absents en quelques années, et sur les quatre dernières années, Cédric évoque avec fierté le fait qu'aucun élève n'a été exclu de l'établissement.

Aujourd'hui, le lycée dont il est le directeur est un des principaux de la région. Il reconnaît qu'être dans le second cycle de l'enseignement secondaire n'était pas son premier choix, et qu'il aurait souhaité creuser son

1. Réseau d'éducation prioritaire.

sillon au collège. Mais ses premiers pas dans ce lycée aux huit filières lui font changer d'avis.

« Ce n'était pas un choix de venir en lycée pro, c'est vrai. C'était l'un de mes derniers vœux - parce que jusque-là, je me disais que pour ceux qui arrivaient ici, les jeux étaient faits, et que c'était trop tard. Je voulais diriger en voie générale parce que pour moi, je pourrais apporter de l'ambition et de l'appétence aux jeunes issus de milieux défavorisés débarquant dans ces filières. En apprivoisant le lycée pro, je me dis qu'au contraire, c'est maintenant ou jamais. Que c'est maintenant qu'on peut les sauver, avant qu'ils ne basculent et qu'ils ne bousillent leur vie pour la plupart d'entre eux. »

L'autre versant de l'orientation subie : le mal-être enseignant

Dans l'enquête que mon association Une voie pour tous publia en juin 2024, intitulée « L'orientation scolaire à la fin du collège[1] », nous rapportons que 49 % des actuels et anciens élèves de lycée professionnel ont eu l'impression qu'un choix leur avait été imposé en fin de troisième (54 % le regrettent et changeraient d'orientation si c'était à refaire). Sur 40 % de la population scolarisée dans le deuxième cycle de l'enseignement secondaire, cela représente bien plus qu'un problème de niche. Il s'agit là d'un vrai sujet de politique publique.

1. En partenariat avec l'institut Viavoice.

Car une société dans laquelle l'école n'est plus en mesure de communiquer la moindre considération à ses enfants est une société propice au ressentiment, d'ailleurs observé ces dernières années sous différentes formes.

Si le mal-être des élèves dans l'école française est connu, un autre phénomène semble s'ancrer dans le paysage éducatif : le mal-être enseignant. Les drames qu'a connus le monde éducatif ces dernières années ont réveillé une tension quotidienne, traduisant le poids des contradictions du système scolaire.

Pour ma part, j'aime à me rappeler les quelques mots adressés par Albert Camus à son ancien instituteur Louis Germain, lorsqu'il vient de recevoir en 1957 le prix Nobel de littérature :

> On vient de me faire un bien trop grand honneur, que je n'ai ni recherché ni sollicité. Mais quand j'ai appris la nouvelle, ma première pensée, après ma mère, a été pour vous. Sans vous, sans cette main affectueuse que vous avez tendue au petit enfant pauvre que j'étais, sans votre enseignement, et votre exemple, rien de tout cela ne serait arrivé. Je ne me fais pas un monde de cette sorte d'honneur, mais celui-là est du moins une occasion pour vous dire ce que vous avez été, et êtes toujours pour moi, et pour vous assurer que vos efforts, votre travail et le cœur généreux que vous y mettiez sont toujours vivants chez un de vos petits écoliers qui, malgré l'âge, n'a pas cessé d'être votre reconnaissant élève.

Cet hommage appuyé, cette reconnaissance intime, témoigne du rôle crucial que Louis Germain a joué dans la vie de Camus. Il incarne le pouvoir de l'enseignement et, plus largement, le rôle pivot qu'il peut jouer dans la vie d'un individu, pour le meilleur et pour le pire. À travers ces mots, Camus ne se contente pas de saluer un enseignant ; il rend hommage à l'idée même de l'école, ce lieu où les inégalités de naissance peuvent être partiellement gommées, où un enfant issu d'un milieu modeste peut aspirer à devenir un grand écrivain, philosophe ou scientifique.

L'école reste l'institution rêvée qui pourrait à elle seule compenser les inégalités de berceau. L'espace scolaire serait un sas, une transition douce et affectueuse entre un environnement de naissance parfois dysfonctionnel et un avenir où l'accomplissement personnel, professionnel, social et civique est possible. Mais ce rôle crucial de l'école ne se limite pas à certains ; il concerne tout le monde. Que l'on soit aisé ou démuni, l'éducation occupe une place déterminante dans chaque foyer. Si son importance varie selon le milieu social, elle transcende les régions, les départements, les arrondissements. Pour certains, l'école est la seule échappatoire, la porte d'entrée vers une vie meilleure, une fenêtre ouverte sur le monde. Elle est le lieu où l'on s'émancipe de sa situation d'origine, où l'on apprend à se connaître, à comprendre les autres, à voir du pays. Combien de professeurs ont fait le lien - probablement avec bienveillance - entre le fait de bien travailler à l'école et la capacité à « s'en sortir dans la vie » ?

« L'enseignant n'est plus seulement un transmetteur de savoirs, il est aussi un médiateur entre l'élève et le monde, entre l'élève et les savoirs, entre l'élève et sa propre construction identitaire[1] », écrit un sociologue.

Ce rôle médiateur de l'école est au cœur de la mission éducative. Il s'agit d'accompagner chaque élève dans son parcours, de l'aider à découvrir ses talents, à développer son esprit critique, à devenir un citoyen éclairé. Mais cet idéal ne peut devenir réalité qu'avec des hommes et des femmes qui, au quotidien, s'engagent à le faire vivre. Les enseignants sont la pierre angulaire de cette ambition : ils sont ceux qui permettent de construire une société en bonne santé, juste et équilibrée. Cependant, leur rôle, en constante évolution, s'accompagne souvent de défis, parfois aussi lourds que ceux rencontrés par les élèves.

D'abord celui du statut. La figure de l'enseignant fut longtemps celle d'une autorité chargée de la transmission d'un savoir académique et des valeurs de la (Troisième) République. Pour cette génération, celle de Charles Péguy, le professeur, *le hussard noir de la République*, c'est un long personnage aux lunettes rondes, au sourire introuvable et à la férule vissée à la main, pouvant réprimander toute tentative de rébellion par un coup sec sur le bout des doigts. Cette stature provient sans doute de l'ascension sociale que représentait alors l'accès à cette fonction. Plus que l'homme, à l'époque, la fonction était respectée et crainte.

1. François Dubet, *L'École des chances. Qu'est-ce qu'une école juste ?*, Seuil, 2004.

Du temps a passé.

Cette vision du maître d'école, garant du savoir et de l'ordre, a évolué. Pour comprendre les défis actuels rencontrés par le corps enseignant, il est nécessaire de faire un saut dans le temps, notamment jusqu'aux révoltes sociales de Mai 68. Ce mouvement, né dans les universités parisiennes, s'est rapidement étendu à l'ensemble du pays, remettant en question les dynamiques d'autorité établies de la vieille France gaullienne, leur efficacité comme leur légitimité. La devise anarchiste « Ni Dieu, ni maître » (aux côtés du célèbre « Il est interdit d'interdire ! ») est devenue le cri de ralliement d'un esprit révolutionnaire qui a traversé non seulement les bancs des universités, mais aussi ceux des écoles. Cette remise en cause de l'autorité a laissé une empreinte durable sur la perception du rôle des enseignants.

Aussi, la persistance des inégalités a renforcé les questionnements sur le rôle des garants de l'école - les enseignants - dans cette reproduction sociale, toujours plus forte. L'école est alors perçue par beaucoup comme une « institution [...] qui contribue à la reproduction des structures sociales » (Bourdieu). Sujet d'autant plus sensible en voie professionnelle que les élèves qui y sont orientés puis scolarisés en sont en grande partie le fruit.

Recruté en quinze minutes, montre en main

C'est ce que confirme Alexandre, aujourd'hui enseignant dans un collège du Val-de-Marne. Né dans le 6e arrondissement de Paris et fils d'institutrice, il n'était pas forcément destiné à exercer cette fonction. Enfant unique d'une mère française et d'un père péruvien, il définit lui-même sa scolarité comme « médiocre ». Décrocheur dès l'école primaire, il redouble au collège et rencontre de nombreuses difficultés, accumulant les doubles avertissements - travail et comportement - lors des conseils de classe. S'il est inscrit dans un prestigieux établissement parisien du 5e arrondissement, il ne prend pas le pli de cet environnement. Malgré ces défaillances académiques, la voie professionnelle reste pour lui une vaste *terra incognita*, dont l'idée ne l'effleure même pas.

« On ne *sait pas* ce qu'est le lycée professionnel dans le cadre dans lequel j'ai grandi. 85 % des élèves vont aller en voie générale, et la conseillère d'orientation ne parle pas d'autre chose. Les seuls élèves qui vont en pro sont ceux d'origine portugaise, les enfants de concierges ! Ils disparaissent pendant le collège... »

Alors qu'il se trouve au bord de l'exclusion, ses parents décident de l'envoyer finir sa scolarité de l'autre côté du globe, au lycée français de Lima, capitale du Pérou. Là, il se rend compte de l'occasion qui lui est donnée : un cadre d'apprentissage différent, avec des classes réduites (autour de quinze élèves) et une attention des enseignants plus forte et plus bienveillante, aidée par l'investissement des parents d'élèves – très actifs dans ces établissements animés par l'Agence pour l'enseignement français à l'étranger.

Une fois réconcilié avec l'école, Alexandre s'engage dans l'enseignement supérieur, et poursuit jusqu'à une thèse à l'université de Créteil avec pour objet l'Éducation nationale. C'est à ce moment que lui vient l'idée d'intégrer le système éducatif de l'intérieur pour mieux appréhender les réalités du terrain. Il pose alors sa candidature pour devenir enseignant contractuel d'espagnol et obtient un rendez-vous dans la foulée au siège de l'académie de Créteil. C'est là que le frappe une réalité massive : l'urgence de trouver du personnel enseignant passe avant la garantie de la qualité de l'enseignement.

« Je rencontre une inspectrice. On ne parle pas du tout d'espagnol, ni de mes compétences ! Je pense qu'en voyant mon nom, elle s'est dit que je devais être hispanophone... »

Après quinze minutes d'entretien, elle lui indique qu'un avis favorable sera inscrit sur son dossier. Alexandre souhaite enseigner en collège, et l'inspectrice abonde en ce sens : elle le met même en garde contre certains établissements où elle sait que les enseignants sont mis à rude épreuve !

Étonnamment, il reçoit une affectation dès le lendemain... dans un lycée professionnel que son interlocutrice assurait vouloir lui éviter. Le premier jour, il se rend compte que la tâche ne sera pas facile : il découvre que ses élèves, alors en seconde professionnelle, n'ont pas eu de cours d'espagnol depuis des mois. Des pétards explosent en classe ; les élèves se montrent insensibles à l'autorité, dans un cours qui représente un faible coefficient ; et la moitié de la classe pratique la politique de la chaise vide. Quand il s'agit d'évoquer l'atmosphère dans la salle des professeurs – le saint des saints, objet de fantasmes et de secrets –, Alexandre évoque quelques enseignants « en mission », dévoués à leur travail. Il regrette toutefois que cela ne représente qu'une minorité de l'équipe.

« J'ai déjà fait des conseils de classe où on se retrouvait à trois enseignants. Je n'en ai jamais fait *un seul* où tout le monde était présent. »

Comment envisager la réussite des élèves quand on assiste à un tel dysfonctionnement ?

Après une mutation dans un lycée polyvalent, Alexandre mentionne aussi la dévalorisation dont étaient victimes les enseignants de la voie professionnelle, vis-à-vis de ceux des voies générale et technologique. Il est vrai que les premiers sont souvent issus du monde professionnel, et ont rencontré des parcours similaires à ceux de leurs élèves. En somme :

« Le rôle de profs en pro, ça n'est pas le même, parce que ça n'est pas le même type d'élèves. Ils viennent avec des années de mauvais résultats scolaires et un sentiment d'échec. Leurs parents aussi ont un rapport différent à l'école. Leur seule relation avec l'institution est celle de la sanction, des problèmes. »

Repenser le rôle des éducateurs

Si les motivations et la quête de sens qui mènent à ce métier, pour celles et ceux qui l'exercent, restent intactes et toujours aussi centrales dans les trajectoires des étudiants s'orientant vers le plus beau métier du monde, la demande qui leur est adressée et le rôle social qui leur est attribué ont profondément évolué. Il ne peut plus être exigé de leur part de suivre chaque élève dans l'intimité de sa vie, de lui enseigner les savoirs les plus fondamentaux, d'assurer la discipline et de le préparer à son orientation et à sa trajectoire professionnelle, sociale et aussi civique. D'autant plus que l'on connaît les situations que rencontrent certains établissements aux classes surchargées. Dans les récents discours politiques sur l'école, il est apparu l'envie de remettre l'autorité au cœur du métier, en réponse à la série de drames et de faits divers s'étant déroulés ces dernières années, en particulier dans les établissements de quartiers ou de villes populaires. Comme si ce seul renforcement pouvait être la solution aux maux de notre école et de nos enseignants.

Il est aujourd'hui indispensable de réfléchir de façon inverse. Le mur qui semble nous séparer, année après année, de l'objectif d'égalité face à l'enseignement et dans la structure scolaire ne saurait se surmonter autrement que collectivement. Les expériences communiquées par les deux professeurs de lycée professionnel révèlent à la fois une succession de dysfonctionnements et la difficulté de répondre à des problématiques déjà enfouies dans les parcours des élèves, par le simple enseignement. Il convient alors de penser la place de l'ensemble des acteurs sociaux, associatifs, privés et familiaux au sein de la structure éducative. « Il faut tout un village pour éduquer un enfant », selon un célèbre proverbe africain. Il est temps de le faire devenir réalité.

Plusieurs chantiers se présentent pour la décennie qui vient. Le premier, le plus fondamental, c'est celui de la « division de l'éducation ». Lorsque Adam Smith publie *La Richesse des nations* en 1776, il y introduit le concept de *division du travail.* L'idée repose sur la fragmentation des tâches complexes en sous-tâches simples, chaque sous-tâche étant confiée à un individu ou à un groupe spécialisé. Cette spécialisation permet une augmentation de l'efficacité et de la productivité, car chaque acteur devient expert dans son domaine d'intervention, réduisant ainsi les temps de production et améliorant la qualité du produit fini. Par exemple, dans une chaîne de production industrielle, chaque ouvrier se concentre sur une étape spécifique du processus, ce qui permet de produire des biens à une échelle et à une vitesse inatteignables si chaque individu devait réaliser l'ensemble du produit de manière autonome. Cependant, si cette spécialisation accrue génère des gains en productivité, elle peut aussi impliquer l'aliénation des travailleurs due à la répétitivité, ainsi qu'une dépendance excessive entre les différentes étapes du processus de production, qui peut fragiliser l'ensemble de la chaîne.

Appliquer ce principe de division du travail à l'éducation pourrait transformer en profondeur notre approche du parcours éducatif des enfants. La « division de l'éducation » consisterait à déterminer de manière claire et structurée le rôle de chaque acteur dans l'éducation d'un enfant, qu'il s'agisse des parents, des enseignants, des mentors, des institutions culturelles, des acteurs associatifs - notamment de grande proximité -, des clubs de sport ou de la communauté dans son ensemble. En se spécialisant dans des domaines spécifiques de l'éducation, chaque acteur pourrait maximiser son impact : les parents joueraient un rôle central dans l'inculcation des valeurs morales et des compétences sociales ; les enseignants se concentreraient sur la transmission des connaissances académiques ; les mentors apporteraient un soutien en matière de développement personnel et professionnel ; et les institutions culturelles favoriseraient la créativité et l'enrichissement culturel. Cette approche permettrait d'optimiser les ressources et de garantir à l'enfant le bénéfice d'une éducation complète et équilibrée, où chaque aspect de son développement serait pris en charge par des experts dans leurs domaines respectifs.

En coordonnant les efforts des différents acteurs éducatifs de manière à ce qu'ils fonctionnent en complémentarité, la division de l'éducation pourrait non seulement améliorer la qualité globale de l'apprentissage, mais aussi mieux répondre aux besoins individuels de chaque enfant. Cette approche créerait un environnement éducatif plus harmonieux, dans lequel chaque enfant serait soutenu de manière appropriée à chaque étape de son développement. Comme pour la division du travail dans l'industrie (évidemment critiquable), l'objectif serait de permettre à chaque acteur de se concentrer sur ce qu'il fait de mieux, tout en assurant une cohésion et une synergie qui profitent à l'enfant tout au long de son parcours éducatif.

Le second chantier se trouve, à mon sens, dans la mise en place de modes réels de coopération éducative. Cette division de l'éducation, qui doit être pensée et présentée à l'ensemble des acteurs pertinents, serait suivie par des dispositifs de gouvernance et de décision partagée. La mise en place des Cités éducatives en est un bon début. Mis en place en 2019 à la suite de préconisations de l'ancien ministre Jean-Louis Borloo, ce dispositif vise à constituer des communautés éducatives autour d'établissements scolaires, composées de l'ensemble des acteurs du territoire volontaires. Elles restent néanmoins pilotées de façon très hiérarchisée par les mairies et les préfectures. Il serait donc de bon aloi de définir des gouvernances alternées afin de garantir la neutralité et l'objectivité des décisions.

Enfin, le troisième chantier réside dans la capacité de l'école à s'ouvrir aux acteurs associatifs de proximité, ceux des pieds d'immeuble, de la résolution des conflits entre familles, entre quartiers, ceux qui représentent pour beaucoup de jeunes un sas de considération, de confiance. Ces acteurs, souvent en première ligne, sont très fréquemment eux-mêmes en situation de fragilité financière, mais réalisent un travail au quotidien indispensable à la bonne santé sociale de certains territoires.

La notion controversée de la politique dite des « grands frères » a été un exemple efficace de ce que pouvait donner l'attribution de plus grandes marges de manœuvre à ces figures d'autorité naturelle. Lancée dans les années 1980, cette démarche devait répondre aux défis de la délinquance juvénile et promouvoir l'intégration des jeunes dans les quartiers défavorisés. Cette politique reposait sur l'idée de recruter des jeunes adultes issus de ces mêmes quartiers pour servir de médiateurs et de modèles pour les adolescents en difficulté. Les « grands frères » devaient encadrer et guider ces jeunes, les orientant vers des activités positives et leur offrant un soutien moral et social. L'objectif était de prévenir la marginalisation et la violence en renforçant les liens sociaux et en proposant des exemples de réussite au sein même de la communauté de proximité. Dans le dernier rapport annuel (2024) « Repères et références statistiques » de la Direction de l'évaluation, de la prospective et de la performance (DEPP), les chiffres nous montrent, naturellement, une présence plus forte et marquée des incidents en milieu scolaire dans la voie professionnelle, et par conséquent la difficulté que peut représenter pour le corps enseignant le fait d'enseigner dans ces établissements.

SUJET	DÉTAIL	VOIE PROFESSIONNELLE	VOIE GÉNÉRALE ET TECHNOLOGIQUE
Climat scolaire	Élèves se sentant bien dans son lycée et sa classe	86,1 %	91,7 %
	Élèves estimant qu'il n'y a pas d'agressivité entre les élèves	73,4 %	88,7 %
	Élèves estimant qu'il n'y a pas d'agressivité entre les élèves et les enseignants	83,6 %	92,2 %
	Élèves estimant qu'il n'y a pas de violence dans l'établissement	84 %	95,6 %
Incidents graves	Taux d'incidents graves pour 1 000 élèves	20,2/1 000	5,1/1 000
Absentéisme	Taux d'absentéisme des élèves	19,4 %	8,6 %

Ces chiffres montrent l'ampleur de l'enjeu. Comment des enseignants peuvent-ils appréhender correctement leurs élèves lorsque plus de 10 points séparent la voie professionnelle et la voie générale en terme d'absentéisme, ou lorsqu'on observe que, dans cette dernière, on compte quatre fois moins d'incidents graves - déclarés ! - qu'en lycée pro ? Il serait donc intéressant de reprendre les grands principes de cette politique pour l'intégrer plus directement dans la structure scolaire. Il pourrait s'agir, par exemple, de développer des postes d'assistant d'éducation sous double contrat avec l'Éducation nationale et une structure sociale de proximité, ou club de sport, afin d'assurer un lien humain entre l'académique et l'extrascolaire. Ou encore d'instaurer un quorum de personnalités extérieures au sein des conseils d'administration des établissements scolaires, pour occuper certains sièges vides de professeurs, afin de diversifier les points de vue portés sur les jeunes.

En somme, l'avenir de l'éducation repose sur une refonte complète de la collaboration entre les différents acteurs impliqués dans la formation des jeunes. En déléguant des rôles spécifiques et en favorisant des synergies efficaces, nous pourrions non seulement alléger la charge des enseignants, mais aussi répondre de manière plus ciblée et complète aux besoins diversifiés des élèves. L'idée de « division de l'éducation », conjuguée à une véritable coopération éducative, pourrait bien être la clé pour revitaliser notre système scolaire et renforcer l'égalité des chances pour tous.

Car ce qui est en jeu, au-delà de la « voie pro », c'est l'avenir de notre pays.

II. La « voie pro », miroir de nos fractures françaises

> « L'image que se font les voisins d'un groupe infléchit celle que le groupe se fait de lui-même, laquelle oriente à son tour la conduite de ses membres et, finalement, l'image que les voisins se font. »
>
> Tzvetan TODOROV

Il y a une phrase de Camus que j'aime bien, elle dit ceci : « Ce que je sais de la morale, c'est au football que je le dois. » Moi, c'est plutôt le rugby. Pourtant, cette phrase m'évoque plein de souvenirs, de moments vécus, et une certaine « généalogie de la morale », en effet.

Lors de nos cours de sport en lycée pro, mes camarades et moi, nous partagions un stade omnisports avec un autre lycée. C'était, lui, un lycée privé, élitiste, à la composition sociale radicalement différente. Lorsque ces bons élèves arrivaient pour leur cours, vêtus de leur ensemble d'EPS aux couleurs de leur établissement, nous débarquions avec nos survêtements du quotidien dans un style bien moins léché. Quand leurs séances avaient des airs militaires – tant la discipline et l'organisation y régnaient –, nous brillions de notre côté par la dissipation et le chahut. Nos réflexes d'adolescents nous poussaient alors à engager une bataille de regards afin de créer une rivalité toute artificielle, mais nous savions bien – pour en avoir si souvent discuté – que notre camp était celui des moins bons, des moins ambitieux, des plus problématiques... de ceux qui iraient le moins loin. Ce que nos destins devaient, avec fatalité, hélas avérer.

Tout notre drame n'est-il pas là, dans cet échange de regards ? Ce qui sépare les îles de « l'archipel français » (la fameuse expression de l'essayiste Jérôme Fourquet qui a fait florès), ne sont-ce pas ces regards infranchissables ?

Moi, c'est le regard sur ces « pros », sur ces relégués de la société, que je voudrais changer. Pour changer celui qu'ils portent sur eux-mêmes.

« On appelait mon lycée "le Zoo" »

L'histoire d'Hélène commence en banlieue parisienne, en Seine-Saint-Denis. Née dans une famille précaire, ses deux parents ne pouvant travailler pour différentes raisons, elle est entourée d'une sœur jumelle et d'un grand frère. Monde ouvrier espagnol du côté de sa mère, lignée militaire « assez éduquée » du côté de son père, des intérêts pour le sport et la culture dans une cellule familiale dysfonctionnelle sur les autres plans. Après avoir voulu être vétérinaire, puis comédienne,

Hélène est aujourd'hui réalisatrice de films. Sur le moment, pour elle, l'orientation vers la voie pro n'est pas synonyme d'échec, elle n'en ressent pas particulièrement le poids ; paradoxalement, c'est peut-être le manque de repères familiaux qui lui a évité l'effet « plafond de verre ».

Sa trajectoire scolaire, elle l'analyse aujourd'hui avec un grand recul.

« J'ai grandi dans le 93. J'y ai compris, un peu inconsciemment, que par rapport à d'autres j'étais dans une famille très pauvre, en marge. Mais j'ai eu la chance de venir d'une famille avec deux parents européens... Du coup, ma sœur jumelle et moi n'étions pas forcément traitées comme l'auraient été d'autres. En classe, on a essayé de correspondre à l'image qui était projetée sur nous. Ça nous permettait d'avoir un cadre qu'on n'avait pas forcément à la maison. »

En fin de troisième, la question de « l'après » n'est pas au cœur de ses préoccupations. Elle sauve son brevet grâce au contrôle continu, mais, contrairement à sa sœur dont les résultats scolaires lui permettent d'aller en général, pour Hélène, la filière professionnelle s'impose. Une seule question : laquelle ? Elle va d'abord visiter un lycée agricole en Seine-et-Marne, mais la distance et le coût de la scolarité ont raison de ce bref espoir. Elle penche ensuite pour un CAP esthétique, mais le rapport physique au client l'en éloigne. Finalement, elle opte pour un BEP vente.

En fin de troisième, Hélène observe la voie professionnelle avec lucidité.

« Les potes avec qui j'étais en *filière pro* et moi, on savait qu'on ne pouvait pas être mis ailleurs. On ne pouvait rien faire d'autre, donc on nous a mis là. Après, une fois que c'est acquis, tu choisis ce qui est dispo. Moi, j'ai voulu aller en vente parce que mes amis y allaient. Ce n'était pas du tout réfléchi, ça n'avait rien à voir avec mon désir. Je m'étais convaincue que ça me convenait. »

Cette résilience, il faut le dire, traverse toute une partie de la jeunesse désorientée. L'idée que, finalement, une orientation subie est moins mauvaise qu'une déscolarisation est, à la fois, signe de l'attachement à l'institution scolaire et à la stabilité qu'elle peut représenter, et en même temps un renoncement - temporaire - à l'ambition que l'on peut porter pour soi-même. Hélène commence à ressentir l'impact potentiel de cette trajectoire sur la façon dont elle est vue à l'extérieur par les regards qui se portent sur elle et son groupe - de son propre aveu, on les décrit comme des « cancres ». Mais à ce moment-là, elle dit se conforter dans l'image de rebelle, libre de sortir, de rire, de s'amuser, loin des ennuyeux premiers de la classe !

Sortie d'une famille d'accueil dans laquelle elle a entre-temps été placée, Hélène retourne chez son père dans une autre ville de banlieue parisienne, qu'elle ne connaît pas. Elle recommence une partie de sa vie à zéro.

Dans la filière vente, il existe ce qu'on appelle une « journée pro ». Son but : préparer les élèves au monde du travail... dans la forme. Par conséquent, tous les lycéens doivent venir vêtus d'une tenue professionnelle.

Chemise et pantalon pour les garçons. Pour les filles, tailleur et, pour les plus courageuses, talons. Si l'intention est louable - ou simplement pragmatique -, le manque de confort et de naturel dans ces vêtements saute immédiatement aux yeux. Ce sont ces défilés forcés qui font office de déclic pour Hélène : elle n'est pas heureuse dans ce BEP vente. Un début de décrochage scolaire - cent demi-journées d'absence ! - lui fait réaliser que le temps passe et qu'une séparation est à l'œuvre dans son quotidien.

« Le lycée pro où j'étais, on l'appelait "le Zoo". Au début, c'était une blague, mais c'est devenu sérieux. C'est comme si on avait incorporé cette vision. »

Une rupture nette advient lorsque sa classe décide d'enfermer un professeur dans une armoire et de balancer toutes les chaises par la fenêtre. Devant de tels comportements, certains parleraient d'« ensauvagement » ; d'autres, plus simplement, de jeunesse insouciante.

« La violence avec les enseignants arrivait souvent. Ça ne me choquait plus. Mais là, j'ai senti une rupture : c'est comme si les élèves et les professeurs étaient devenus ennemis. Or, personne n'est là par choix ! Ni les enseignants, ni les élèves. Il faut donc sortir de cette opposition. »

Pour Hélène, l'envie de travailler dans le domaine artistique se transforme en urgence. La comédie en est toujours au stade du rêve, et ses moyens ne lui permettent pas de suivre des cours de théâtre ; néanmoins, le besoin de s'éloigner de son lycée pro se fait pressant.

Les mois passent, les stages dans des boutiques de cosmétique s'enchaînent.

« Je regardais mes amis en pro qui soit changeaient de filière, soit avaient d'autres projets à côté. Moi, je me voyais rentrer dans une routine sans issue. Ce que je faisais m'éloignait chaque jour un peu plus de ce que je voulais... »

Sa porte de sortie se manifeste alors par la rencontre avec la mère d'une de ses amies, alors enseignante dans un lycée polyvalent, qui lui offre la possibilité de demander une « classe passerelle », et ainsi d'entrevoir une alternative à une vie qu'elle n'a pas choisie. Une aubaine : cette manœuvre est habituellement difficile à faire valider par l'administration. Et c'est une occasion qu'Hélène ne laissera pas passer. Ce retour vers la voie générale implique de reprendre la scolarité dès la seconde. Elle arrive donc dans une classe de seconde générale, la seule de cet établissement polyvalent.

La rencontre avec sa professeure principale transforme la manière dont Hélène appréhende l'enseignement. Professeure de français, celle-ci est agrégée de lettres : en tout début de carrière, elle n'a pas encore pu obtenir la mutation de son choix. Néanmoins, la passion qu'elle transmet dans ses cours force le respect et l'attention de ses élèves.

« Avec elle, je vais voir une pièce de théâtre pour la première fois. Cette prof, elle a senti que j'étais là parce que je voulais faire quelque chose de ma vie, et moi j'avais tout à prouver... Mais avec une prof comme ça, c'était facile. Elle allait vraiment puiser en chacun de nous. »

Hélène lui attribue son goût de la lecture.
Grâce à cette professeure, elle est enfin *première de la classe*.
Et le reste vient comme par force cinétique, logiquement.

Le lycée pro, témoin de l'histoire de notre école

Le lycée professionnel tel que nous l'observons aujourd'hui est la résultante d'une tendance plus que centenaire.
Depuis sa création, il cristallise les critiques, de la part de personnalités académiques et de responsables politiques. On ne compte plus les rapports ou les enquêtes tirant sur la sonnette d'alarme qui indiquent que l'éducation en France, déjà en peine sur l'enseignement d'un socle commun de savoirs, par l'intermédiaire de ses successifs ministres, a créé des établissements qui cristallisent un grand nombre de problématiques socio-économiques, dans les quartiers prioritaires comme dans les milieux ruraux. Quand les établissements d'enseignement professionnel font parler d'eux, quand ils sont réformés - ce qui vient systématiquement après l'enseignement général et technologique. Sinon, c'est en raison des incidents qui s'y produisent...
Pour bien comprendre la place occupée par les lycées professionnels dans le paysage de l'enseignement secondaire français et l'histoire sociale, je parlerai de disqualification et de relégation - de la formation

elle-même, ainsi que des élèves orientés dans ses différentes filières.

Bien avant son institutionnalisation dans le cadre scolaire, l'enseignement professionnel, dit « technique », défini comme l'apprentissage d'un métier, a bénéficié d'écoles sélectives et reconnues répondant aux besoins politiques et économiques de former une « élite ouvrière » en mesure d'accompagner les transformations liées à l'industrialisation, et notamment les mutations du mode d'encadrement des ouvriers, majoritairement formés « sur le tas ». La révolution industrielle, à partir du milieu du XIXe siècle, et l'instauration de l'instruction obligatoire en 1882 ont favorisé l'émergence d'écoles professionnelles, d'écoles pratiques du commerce et de l'industrie (EPCI) et d'écoles nationales professionnelles (ENP). Jusqu'au milieu des années 1930, le développement et la structuration de ces écoles techniques, dépendantes du ministère du Commerce et de l'Industrie, mais dont la création dépendait principalement des chefs d'entreprise et des élus locaux, reposaient principalement sur des dynamiques locales. L'implication de divers acteurs du territoire (principalement employeurs et élus) aux côtés des directeurs et enseignants dans le fonctionnement de ces établissements répondait avant tout à la volonté d'adapter les formations aux besoins économiques locaux. La reconnaissance et la légitimité de ces établissements s'appuyaient, d'une part, sur une forte sélectivité à l'entrée – avec l'obligation de fournir le certificat d'études primaires, obtenu alors par seulement 10 % de la population –, et, d'autre part, sur une forte promotion de la valeur morale du travail comme fondement de l'accomplissement personnel et citoyen. En outre, ces écoles possédaient des réseaux de solidarité et de cooptation importants, facilitant l'insertion professionnelle des élèves.

Récemment, nous avons fêté le centenaire du CAP.

En 1918, un sénateur et membre fondateur de l'Association française pour le développement de l'enseignement technique (AFDET), du nom de Placide Astier, s'engage dans un travail parlementaire qui aboutira au vote d'une loi qui porte son nom. En créant le certificat d'apprentissage professionnel (CAP), cette loi, adoptée l'année suivante, fait officiellement entrer l'enseignement technique dans le paysage éducatif français, avec une dimension d'éducation populaire. La création du CAP s'accompagna du transfert de l'enseignement technique du ministère de l'Industrie au ministère de l'Instruction publique, ouvrant ainsi la voie à la scolarisation de la formation des ouvriers.

Au début du XXe siècle, l'accès à l'éducation, en particulier au niveau secondaire, reste fortement conditionné par les différences sociales. Bien que l'enseignement primaire soit rendu obligatoire par les lois Ferry, l'accès à l'enseignement secondaire demeure limité pour les enfants des classes populaires. La majorité des enfants issus de milieux modestes (et environ 80 % des enfants issus des classes ouvrières) quittent l'école dès la fin du primaire, souvent pour travailler et contribuer financièrement à leur foyer, notamment dans les zones rurales où le travail agricole prédomine. Les enfants de la bourgeoisie, eux, sont nettement plus susceptibles de poursuivre des études secondaires coûteuses.

Les lycées, eux, sont essentiellement situés dans les centres urbains – ce qui n'a pas tout à fait changé, vous en conviendrez. De plus, cet enseignement est onéreux pour les familles : les frais de scolarité, les livres et les uniformes constituent un frein pour les familles ouvrières et paysannes. Ainsi, en 1911, seulement 3,5 % des jeunes de 14 à 18 ans poursuivent des études secondaires en France, et ces élèves sont majoritairement issus des classes moyennes et supérieures. Les bourses, bien qu'existantes, sont rares et insuffisantes pour combler les disparités entre les classes sociales. En parallèle, le contenu des études secondaires reflète également cette ségrégation sociale, qui façonnera la conception française de l'école : les matières enseignées, comme le latin et le grec, sont avant tout pensées pour préparer une élite intellectuelle destinée aux professions libérales ou aux carrières administratives. En revanche, les écoles primaires et les cours complémentaires se concentrent sur un enseignement pratique de base, orienté vers le calcul, la lecture et l'écriture, et n'ont pas, comme aujourd'hui, un rôle dans la mise au même niveau de tous les enfants, dans une perspective de mobilité sociale.

Ainsi, le système éducatif français de l'époque a renforcé, par sa structure et ses exigences, les inégalités sociales, limitant les perspectives des enfants des milieux populaires et réservant aux classes aisées l'accès aux études supérieures et aux professions prestigieuses. La loi Astier de 1919, en introduisant le CAP et en intégrant l'enseignement technique au sein du ministère de l'Instruction publique, va plus loin que celles de Ferry en faveur de la mixité sociale.

Cependant, malgré le développement de l'enseignement professionnel, une majorité des jeunes continuèrent à se former « sur le tas » en entreprise, en dehors du cadre scolaire.

La crise économique des années 1930 a conduit à l'accentuation de l'étatisation de la formation professionnelle, les entreprises autrefois directrices des politiques de formation professionnelle ayant été fragilisées. Aussi, dans la seconde partie des années 1930, les pouvoirs publics se sont attachés à recentraliser l'organisation et les contenus des formations professionnelles qui, jusqu'alors, laissaient une grande place aux dynamiques et partenariats locaux (patronat, associations, syndicats). Cette politique a donné naissance en 1939 aux centres de formation professionnelle (CPF). Entre 1940 et 1942, les nouvelles orientations de la formation professionnelle répondent à un double objectif : former une main-d'œuvre qualifiée pour lutter contre le chômage tout en renforçant l'apprentissage des valeurs morales et culturelles promues par le gouvernement de Vichy.

Pour l'historien Antoine Prost, « l'apprentissage apparaît véritablement en France comme un remède au chômage, et non en premier lieu comme un enseignement. Faute de pouvoir mettre les jeunes au travail, on les met à l'école[1] ». Voilà une phrase qui résume très bien notre expérience : celle d'un pis-aller.

Les centres d'apprentissage, créés en 1944 en remplacement des CPF, ont poursuivi les mêmes objectifs que leurs prédécesseurs tout en renforçant la place de l'État dans l'élaboration des contenus de formation. Conservant un recrutement sélectif, le nombre d'élèves accueillis dans les centres d'apprentissage augmenta considérablement, passant de 45 000 en 1944 à 100 000 en 1946.

Malgré l'intégration en 1949 de l'enseignement professionnel à l'Éducation nationale, les disparités de recrutement des élèves restent toujours aussi marquées. Tandis que les écoles techniques continuent de recruter parmi l'élite sociale afin de former les futurs techniciens et encadrants intermédiaires, les centres d'apprentissage forment pour leur part les futurs ouvriers qualifiés issus de milieux sociaux défavorisés. Dans les années 1950, les besoins en qualification dans un pays en reconstruction assuraient aux titulaires d'un CAP une bonne insertion professionnelle ; les perspectives de promotion sociale s'envisageaient alors au sein de l'entreprise. De plus, le CAP conférait alors à ses détenteurs une reconnaissance sociale, dans la mesure où 86 % de la population active française ne possédait aucun diplôme professionnel.

1. Antoine Prost, *Les Lycées et leurs études au seuil du XXIe siècle. Rapport du groupe de travail national sur les seconds cycles*, ministère de l'Éducation nationale, 1983.

Au début des années 1960, l'enseignement technique et professionnel se recompose et explicite la séparation entre ces deux corps d'enseignement. Alors que les écoles techniques deviennent les lycées techniques, les centres d'apprentissage deviennent, en 1963, les collèges techniques d'enseignement (CET), ancêtres des lycées professionnels. La sélection, supposée garante de la motivation, est restée en vigueur au sein des CET jusqu'en 1967. L'histoire de la formation professionnelle en France a également mis en avant la proximité culturelle des enseignants avec leur public. Pour ces anciens ouvriers, issus de milieux sociaux plus défavorisés que les enseignants du secondaire, l'accession au monde de l'enseignement représentait une promotion sociale réelle.

Au sortir de la Seconde Guerre mondiale - conflit ayant mis le monde économique à rude épreuve –, survient cette période de croissance qu'on a appelée « les Trente Glorieuses ». La massification scolaire des années 1960, et plus particulièrement celle des années 1970 avec l'instauration du collège unique (loi Haby de 1975), sur fond de recomposition de l'économie française caractérisée par le déclin de l'industrie, un essor du secteur tertiaire et du chômage de masse, bouleverse la place occupée par l'enseignement professionnel en France.

La scolarisation massive dans l'enseignement secondaire devait assurer à tous les élèves une égalité des chances : les inégalités scolaires ne seraient plus dorénavant basées sur l'origine sociale, mais sur le travail scolaire, donc le mérite de chacun. Or, les chances de réussite scolaire sont restées inégalement réparties selon le milieu social d'appartenance : Bourdieu le premier, avec Jean-Claude Passeron, a soulevé le problème dès 1964 dans *Les Héritiers*.

Les inégalités scolaires se sont déplacées pour se nicher en partie dans les filières professionnelles. En effet, là où les centres d'apprentissage représentaient jadis la formation des ouvriers qualifiés et socialement reconnus, les nouveaux élèves des CET (et plus tard ceux du lycée pro) sont avant tout définis par l'échec scolaire. La fin de la sélection à l'entrée en CET en 1967 et l'augmentation du nombre d'élèves dans les filières longues provoquée par la recomposition du marché du travail (qui privilégie les jeunes les plus diplômés) précipitent l'amalgame entre voie professionnelle et voie de relégation.

La création du baccalauréat professionnel en 1985 (en remplacement des CET), dix-sept ans après celle du bac technologique, est un tournant majeur : l'enseignement professionnel s'inscrit dans le sillage de ce diplôme emblématique. C'est à la suite d'une proposition de Daniel Bloch, proche de Jean-Pierre Chevènement, alors ministre de l'Éducation nationale, que ce texte fut posé sur la table du gouvernement. Il s'agissait officiellement de favoriser l'insertion professionnelle des jeunes, une liaison plus dynamique entre le monde économique et l'Éducation nationale, et la préparation des jeunes générations aux transformations économiques. Et puis il faut mentionner un chiffre absolument capital :

l'objectif d'amener 80 % d'une classe d'âge au baccalauréat, à l'horizon de l'an 2000. Ce chiffre est devenu un véritable totem, les années passant. Il faut dire qu'en 1985, seulement... 29,4 % d'une classe d'âge obtient ce sésame ! Pour atteindre ces 4 bacheliers sur 5 jeunes, les pouvoirs publics ont conçu en masse des filières, sans garantie d'efficacité sur le marché de l'emploi. Cette nouvelle qualification de baccalauréat implique de fait, pour les étudiants des futures filières professionnelles, d'avoir accès à l'enseignement supérieur – ce qui n'est toujours pas une évidence. Cette perspective entre en résonance avec la baisse de la population ouvrière observée à ce moment[1] : en 1984, 29 % de la population française se classait dans cette catégorie, soit dix points de moins qu'en 1960. À cette époque, le texte porté par le ministre du gouvernement Fabius fut largement soutenu par le monde syndical. Pourtant, malgré ce soutien massif, le rôle de la voie professionnelle commença rapidement à soulever de nombreux paradoxes et questionnements. Quels pourraient-être les éléments objectifs préconisant l'orientation d'un élève vers ces diplômes plutôt que dans une filière générale et technologique ? Et, surtout, à qui s'adresserait cette nouvelle filière ?

Pour obtenir le nouveau bac, les élèves devaient d'abord réussir le brevet d'études professionnelles

1. Virginie Forment, Joëlle Vidalenc, « Les ouvriers : des professions toujours largement masculines », *INSEE Focus*, n° 199, 24 juillet 2020.

(BEP). Le ministre souhaitait alors en faire un instrument d'insertion professionnelle, afin de garantir des options d'emploi pour les jeunes ne souhaitant pas prolonger leur parcours académique. Si les motivations portées étaient sans doute louables, les nombreuses transformations successives de la voie professionnelle n'ont toutefois pas réussi à transformer ce qui en était un des repoussoirs : le profil uniforme des élèves. Partout sur le territoire, un même portrait-robot : difficultés scolaires, origine sociale et – notamment dans les territoires urbains – origine ethnique homogènes.

En outre, le choix du baccalauréat comme fin ultime des études professionnelles répondait à un double besoin : d'une part, redorer l'image de cette voie ; d'autre part, élever le niveau de qualification global des jeunes tout en retardant leur insertion sur un marché du travail structuré par le chômage. Eh oui, le choc pétrolier de 1973 avait sonné le glas des Trente Glorieuses.

En fin de compte, bien que la réforme de 1985 ait contribué à une augmentation significative du nombre de bacheliers, elle a aussi mis en lumière les limites d'un système éducatif qui peinait à offrir des chances égales à tous. La filière professionnelle restait perçue comme une voie de relégation plutôt qu'un choix délibéré et valorisé.

En 2009, une nouvelle réforme fixe le baccalauréat professionnel en trois ans plutôt que quatre, avec l'ambition de l'harmoniser avec les autres bacs – ce qui permet en principe aux élèves de poursuivre dans le supérieur. Réforme louable ; elle a hélas contribué à la précarisation de la voie professionnelle. Car les heures gagnées l'ont été sur les enseignements généraux, dans lesquels une grande part des élèves accusent un retard. Le niveau de connaissance à la sortie du secondaire en est affecté, et avec lui, la capacité des élèves à rebondir ailleurs.

La réforme du lycée professionnel de 2018 portée par Jean-Michel Blanquer apparaît à la fois comme une alerte sur nos inégalités scolaires et en même temps un coup d'accélérateur dans la privatisation de la voie professionnelle. Le volume d'heures des enseignements généraux, comme évoqué plus haut, est diminué, quand l'apprentissage fait l'objet d'un regain d'intérêt - en partie financier - de la part des pouvoirs publics. La suppression de classes de lycée professionnel achève de convaincre d'une volonté de faire disparaître ces établissements, qui souffrent déjà de leur réputation et de la faible mobilité des filières.

Une orientation qui a l'oreille des politiques

Si, depuis peu, nombreux sont les responsables de partis et décideurs à se revendiquer d'un passage ou de l'exercice d'une fonction en lycée professionnel ou en lien avec celui-ci, on peut soupçonner parfois un brin d'électoralisme, et la volonté de toucher une partie de la population française qui est parfois un point aveugle des programmes. Lors d'un discours prononcé le 30 novembre 2021, Fabien Roussel, secrétaire général du Parti communiste français, parla d'un « [devoir]

de réhabilitation de la voie professionnelle, qui est trop souvent perçue comme une voie de garage ». Il poursuivit ainsi :

« Au Parti communiste, nous croyons que chaque jeune a le droit à une formation de qualité, quel que soit son parcours. La voie professionnelle est une filière d'avenir, essentielle pour répondre aux besoins de notre économie, mais aussi pour permettre à chaque jeune de s'épanouir dans le métier qu'il a choisi. »

Jean-Luc Mélenchon, leader de la France insoumise, évoqua, lui, la nécessité de « redonner ses lettres de noblesse à la voie professionnelle [qui], trop souvent dévalorisée, est pourtant une voie d'excellence qui forme les jeunes aux métiers dont notre pays a besoin ».

Durant la dernière campagne présidentielle, il s'agissait aussi d'une « priorité » pour Valérie Pécresse, candidate des Républicains et présidente du conseil régional d'Île-de-France, que de « redonner ses lettres de noblesse à la voie professionnelle ». « Trop longtemps, on a dévalorisé ces filières qui, pourtant, sont indispensables au dynamisme de notre économie. »

Le président de la République Emmanuel Macron alla dans le même sens lors de la présentation de sa dernière réforme à ce sujet :

« Nous avons décidé de réformer en profondeur la voie professionnelle, parce que c'est une voie d'excellence pour nos jeunes, une voie qui doit conduire à l'emploi et à l'épanouissement. Aujourd'hui, trop d'élèves qui choisissent cette voie ne trouvent pas de débouchés, ou se retrouvent en difficulté sur le marché du travail. Cela doit changer. »

Enfin, lors d'un débat autour de la réforme des retraites opposant les représentants des principales forces politiques française, le 24 janvier 2024, Jordan Bardella, président du Rassemblement national, a critiqué le texte proposé par le gouvernement à partir des arguments suivants :

« La France que vous allez pénaliser, c'est la France qui se lève tôt. C'est la France des bacs professionnels, des BTS. »

L'étrange similitude de la rhétorique de nos responsables politiques, pourtant divisés sur l'essentiel des sujets, n'a rien d'étonnant. Ça n'est pas seulement l'intérêt pour la question qui interroge, mais le fond du discours profondément analogue. Si je ne nie pas qu'il peut simplement s'agir de bon sens, nous devons regarder de plus près les causes de cette proximité de constats et, plus impressionnant, de solutions.

J'ai mentionné Jérôme Fourquet. Il serait sans doute d'accord, une analyse géographique permettra de mieux me faire comprendre.

La France des bacs pro

Qui dit « professionnel » dit « professions » ; et pourtant, la carte des bacs pro se superpose aisément à celle des départements au plus haut taux de chômage avec, dans l'ordre, les Pyrénées-Orientales, qui culminent à 12,4 %, suivis par l'Aisne qui se situe plus loin avec 10,7 % de demandeurs d'emploi, la Seine-Saint-Denis, l'Aude, l'Hérault et le Gard. Et, dans le monde du travail, les personnes passées par la voie professionnelle concentrent également un nombre important de difficultés. Dès 2005, deux chercheuses, Gwenaëlle Thomas et Coralie Perez, se sont penchées sur les « Trajectoires des emplois précaires et de la formation continue[1] ». Dans ce document, elles nous enseignent – le bon sens nous le dictait déjà – que les élèves de la voie professionnelle sont surreprésentés dans les situations de fragilité professionnelle.

En effet, parmi les chômeurs intermittents, les élèves scolarisés diplômés de ces voies arrivent juste après les personnes n'étant plus en formation (32,5 %) à 31 %, loin devant les détenteurs du baccalauréat (14 %), d'un bac +2 (13 %) et d'un bac +3 (9,5 %). *Idem* pour les personnes en intérim, avec les détenteurs du CAP ou BEP cette fois-ci devant les non-diplômés (respectivement 42,5 % et 40,5 %), suivis des bacheliers (10 %), des détenteurs d'un bac +1 (6 %) et d'un bac +3 (1 %). Si ces données peuvent certainement paraître lointaines, tout en étant instructives, les données de France Travail nous éclairent plus récemment sur les profils scolaires des demandeurs d'emploi. Les diplômés d'un CAP ou

1. Gwenaëlle Thomas et Coralie Perez, « Trajectoires d'emploi précaire et formation continue », revue *Économie et Statistique*, n° 388-389, 2005.

d'un BEP arrivent encore une fois en tête, représentant 28 % des demandeurs d'emploi. Suivent les personnes diplômées d'un baccalauréat à 23 %, celles diplômées d'un bac +3 à 20 %, les personnes non diplômées à 16 % et celles diplômées d'un bac +2 à 13 %[1].

Chômeurs intermittents (en %)	
Niveau d'études	**Taux de chômeurs intermittents**
< CAP - BEP	32,5
CAP - BEP	31
Bac	14
Bac + 2	13
≥ Bac + 3	9,5

Demandeurs d'emploi (en %)	
Niveau d'études	**Taux de demandeurs d'emploi**
< CAP - BEP	16
CAP - BEP	28
Bac	23
Bac + 2	13
≥ Bac + 3	20

Ces premiers éléments démontrent, de façon très claire, que la voie professionnelle ne garantit, ni même

1. dataemploi.francetravail.fr.

ne facilite l'accès à l'emploi pour ses élèves, et que ces derniers se retrouvent ensuite dans les structures d'accompagnement, ce qui signifie un réel défaut d'insertion professionnelle et surtout sociale.

À la lumière de ces informations, on comprend mieux les propos des élus rapportés plus haut. Notamment ceux de Jordan Bardella, président du Rassemblement national et ex-*presque*-Premier ministre. La frustration et le sentiment d'injustice que cristallise une partie de la population, du berceau au tombeau, nourrissent naturellement un sentiment de rejet et un besoin d'expression de la colère. Dans une enquête publiée au lendemain des élections législatives qui ont suivi la dissolution surprise de juin 2024[1], l'Institut français d'opinion publique (IFOP) nous offre d'intéressants enseignements. On y découvre notamment que, si l'on étudie les intentions de vote en fonction du diplôme obtenu, les détenteurs du CAP et du BEP sont ceux ayant le moins participé au premier tour (18 % de participation) après les personnes non diplômées (9 %). Si nous savions que l'électorat du Rassemblement national concerne en particulier les personnes peu diplômées, l'IFOP nous apprend que les personnes détentrices d'un CAP ou d'un BEP votent aussi massivement pour la formation politique d'extrême droite, et représentent même la population

1. IFOP, « Analyse du premier tour des élections législatives 2024 : participation et structuration des électorats », sondage, 1er juillet 2024.

la plus susceptible de glisser dans l'urne un bulletin pour cette dernière.

Vote pour le Rassemblement national au 1er tour des élections législatives 2024	
Niveau d'études	**Taux de vote** (en %)
Pas de diplôme	44
CAP - BEP	46
Bac	37
Supérieur au baccalauréat	25

Si le vote pour le Rassemblement national n'est évidemment pas le fruit de la seule colère, l'importance du sentiment d'abandon et de relégation sociale ne doit pas être négligée dans notre analyse ; et ces dernières données nous montrent une connivence entre l'accumulation des difficultés rencontrées dans le parcours social d'un individu et son expression dans les urnes. D'autant qu'une dernière enquête sur l'abstention, réalisée cette fois en 2021 par la Fondation pour l'innovation politique[1] à la demande de l'Assemblée nationale nous indiquait les faits suivants, concernant le sujet de la défiance interpersonnelle et de la protestation électorale :

1. Fondapol, *Rapport pour l'Assemblée nationale. Mission d'information visant à identifier les ressorts de l'abstention et les mesures permettant de renforcer la participation électorale*, novembre 2021.

« S'agissant de la défiance à l'égard d'autrui ou défiance interpersonnelle, notre indicateur de la protestation électorale dresse le portrait d'une communauté où chacun est méfiant envers les autres. Quand on demande aux personnes interrogées de choisir si, de manière générale, "on peut faire confiance à la plupart des gens" ou si "on n'est jamais assez prudent quand on a affaire aux autres", les trois quarts des Français interrogés (73 %) choisissent cette dernière option. L'éducation joue un rôle important : il existe une différence de 21 points entre les personnes non diplômées ou diplômées d'un BEPC-CAP-BEP et celles ayant un diplôme supérieur à bac +2 (respectivement 82 % et 61 % de défiance). De même, suivant les catégories socioprofessionnelles (CSP), le pourcentage de défiance varie et passe de 81 % pour les CSP – à 68 % pour les CSP+. »

Cette défiance vis-à-vis de l'institution s'est, dans l'histoire récente, manifestée pendant les Gilets jaunes. Durant des mois, des centaines de milliers de Français ont parcouru les routes de France et occupé les ronds-points pour exprimer leur colère. À la surprise des urbains, une population rurale précaire a décidé de prendre les devants et de manifester son mécontentement. Ce mouvement, inopiné et déstabilisant, a forcé l'ensemble du pays à regarder du côté de ses campagnes, et à s'intéresser urgemment aux populations qui les peuplent. Dans un travail publié dans les pages du *Monde* en 2018[1], un

1. Collectif, « Gilets jaunes » : une enquête pionnière sur la « révolte des revenus modestes », *Le Monde*, 11 décembre 2018.

collectif de six chercheurs relève une surreprésentation des bacheliers et des titulaires du BEP ou CAP parmi les Gilets jaunes. Parmi les manifestants, seuls 5 % sont détenteurs d'un bac +4. Côté voie professionnelle, le chiffre monte à 35 %, soit 30 points supplémentaires. En même temps, les métiers de première ligne, ou comme le dit une expression à succès qui a fleuri du temps de la Covid, les « premiers de cordée » (ou de corvée), sont précisément ceux que la voie professionnelle offre de rejoindre. La douleur qui s'est exprimée dans la rue est celle de la fatigue, de l'ennui, du ressentiment de ne pas pouvoir devenir ce que l'on veut être, et de rester assigné à un cadre social rigide.

C'est une continuité d'inégalités et de violences systématiques qui s'est traduite, parfois par de la violence. Ce sont des boulangers, des infirmières, des auxiliaires de vie, des caristes, des agriculteurs. La France des pros, c'est la France d'en bas. Celle qui se lève tôt et rentre tard, celle des fins de mois difficiles et de l'incertitude du quotidien. C'est une France que l'on doit regarder en priorité, car c'est définitivement en pensant et en faisant pour les plus vulnérables que l'on construit pour le commun.

« Il n'y a pas de Blancs ! »

Elsa est née et a grandi dans une commune à quinze kilomètres de Rennes, en Ille-et-Vilaine. Fille d'un chauffeur de bus et d'une secrétaire, cette professeure de français et d'histoire-géographie évoque très vite l'expérience fondatrice qu'a été son redoublement au collège. De fait, cette expérience conditionne sa façon d'appréhender des élèves en échec scolaire :

« C'est important parce que je sais ce que c'est d'avoir de mauvaises notes, de se sentir nulle, de travailler sans avoir de résultats, etc. »

Ses parents n'ayant pas fait d'études, elle a pris conscience très tôt de la nécessité de poursuivre des études supérieures, afin de pouvoir envisager « une vie sympa ». Par ailleurs, l'engagement syndical de son père la pousse rapidement vers la politique, qui devient une vocation et une motivation. Après un BTS hasardeux, elle s'oriente vers une faculté d'histoire, à l'université de Rennes-2, réputée pour son activité militante. Elle poursuit avec un master à l'École des hautes études en sciences sociales (EHESS) et devient en parallèle secrétaire nationale du Mouvement des jeunes socialistes, ce qui va compter dans son avenir dans l'enseignement. Le Parti de gauche lui propose alors de s'engager pour les élections cantonales de 2011 à Saint-Ouen (93). Durant ces quelques mois de campagne, elle découvre sa vocation :

« À Saint-Ouen, je rencontre plein de jeunes qui *tiennent les murs*. Et à chaque fois que je leur demande ce qu'ils font, ils me disent qu'ils sont en lycée pro. Et là, c'est la révélation : je veux être prof en lycée pro ! Ils m'ont touchée. Certains avaient décroché depuis longtemps, parfois depuis la primaire. Mais quand on a décroché, on peut toujours raccrocher... Alors, dès que la campagne s'est terminée, sans prévenir personne, j'ai arrêté la politique. J'avais cette prétention : devenir une prof qui fait confiance à ses élèves et qui leur donne une deuxième chance. »

Affectée dans un établissement de région parisienne, Elsa se souvient de ce qui lui saute aux yeux à son arrivée, qu'elle résume ainsi :

« Il n'y avait pas de Blancs ! »

En effet, si la voie professionnelle rassemble les enfants damnés, son lieu d'implantation conditionne certaines particularités. C'est ce que révèle une enquête menée par les sociologues Claire Schiff et Joëlle Perroton en 2016[1], portant sur un comparatif entre les lycées professionnels de région parisienne et ceux de province : une proportion d'élèves issus de l'immigration qui oscille, selon les classes, entre 35 % et 85 % à Bordeaux, et entre 65 % et 100 % en Seine-Saint-Denis, où la proportion d'élèves originaires du Maghreb, d'Afrique et des Antilles est la plus élevée. Cette uniformité ethnique, impliquant de fait une uniformité sociale, marque profondément Elsa et la révolte. Pour elle, c'est même ce qu'il y a de plus choquant dans l'enseignement professionnel.

Dans ce premier lycée, elle s'engage corps et âme pour ses élèves et gagne leur confiance et leur attachement. Au moment de partir, après un an, elle se souvient des paroles d'un de ses jeunes, un des plus durs pourtant :

1. Claire Schiff et Joëlle Perroton, « Effets de contexte et stigmatisation des élèves issus de l'immigration : le cas des lycées professionnels en région parisienne et en province », *Les Cahiers de la LCD*, n° 2(2), novembre 2016.

« Il me dit : “On veut vous remercier, et on espère que vous vous souviendrez de nous !” Heureusement, un prof se souvient toujours de ses premiers élèves... »

L’année suivante, Elsa prend ses fonctions dans un autre lycée, non loin du précédent. C’est un des plus mauvais lycées professionnels de France : une muraille à gravir pour atteindre la discipline en classe, des élèves difficiles à canaliser. On lui fait comprendre que le challenge de « tenir sa classe » serait déjà satisfaisant. Elsa note aussi un manque d’exigence vis-à-vis des élèves. Pour elle, ce laxisme est permis par l’absence des parents du cadre scolaire, à l’inverse de ce que l’on peut observer dans des établissements plus privilégiés.

Son aventure en lycée professionnel s’interrompt à contrecœur à la suite de la dernière réforme de la voie professionnelle. Elle le quitte avec le sentiment que le rôle de garage social se confirme :

« J’en ai voulu aux dirigeants ; je ne pouvais plus faire mon métier. On avait beaucoup moins d’heures de matières générales, donc on prenait acte du fait que le lycée professionnel était une voie de garage, et non le lieu d’une deuxième chance. On ne peut pas enseigner l’histoire-géographie en une heure et demie par semaine, précisément avec des jeunes qui ont accumulé les difficultés. »

De l’instabilité sociale au décrochage scolaire

La fragilité sociale qui se traduit par la surreprésentation des personnes issues de la voie professionnelle dans les structures d'insertion n'est pas un hasard. C'est même la transformation la plus précise de ce que l'on appelle pudiquement l'inégalité sociale. Ça n'est pas seulement une question de politiques publiques ou de dispositifs ; les conséquences d'une mauvaise naissance peuvent parfois se révéler fatales. Il existe manifestement une continuité qui semble encore aujourd'hui quasiment inévitable pour les individus nés dans des conditions défavorisées, confrontés à l'échec scolaire et orientés vers des voies par défaut et s'engageant dans des trajectoires déviantes. L'échec scolaire devient alors l'étape d'ancrage d'un parcours marqué par le fatalisme. À mesure que l'école échoue à compenser ces inégalités, les jeunes, en quête de reconnaissance, se tournent naturellement vers des comportements déviants.

Il est par exemple pertinent de regarder les publics qui incarnent le mieux la fragilité dès le berceau : les enfants placés. Ces jeunes sont confiés aux services de l'aide sociale à l'enfance (ASE) en raison d'une situation familiale grave. Hélas, les dérives qui ont lieu dans les structures et familles d'accueil sont connues, et se confirment par un chiffre terriblement alarmant : selon la Fondation Abbé-Pierre[1], 26 % des personnes sans domicile fixe sont issues des structures d'accueil. Face à la masse de difficultés que ces jeunes rencontrent au

1. Fondation Abbé-Pierre, *L'État du mal-logement, rapport #24. Premier cahier : Aux portes de la rue. Quand l'État abandonne mes personnes sortant d'institutions*, 2019.

quotidien, il serait presque naturel d'admettre que, si l'institution éducative ne joue pas son rôle, l'enjeu scolaire passera pour eux au second plan. Il n'est donc pas étonnant, au vu des éléments rapportés plus haut, de constater que 63 % des jeunes issus de l'aide sociale à l'enfance suivent une scolarité dans la voie professionnelle, quand ils ne sont « que » 11 % à le faire en voie générale (contre 51 % pour le reste de la population[1]). La maltraitance des enfants de la France est une révélation de son mal-être. Mon analyse de la voie professionnelle n'est pas une simple critique du système éducatif ; elle ne remet en question ni l'intérêt ni l'importance d'une voie professionnelle dans notre société. Mon analyse, c'est l'observation d'un espace social composé de murs épais, dans lequel des centaines de milliers d'histoires se croisent au quotidien, à la lumière des blessures et des cicatrices qui les traversent. Le lycée professionnel pourrait être une chance, à condition d'y mettre la même ambition que dans le reste du système éducatif, et des moyens adéquats.

La dureté de la vie d'un éducateur se trouve sans doute dans l'impression d'avoir échoué. Qu'il s'agisse d'un échec en matière de résultats ou de notes. Mais cet échec peut être plus violent encore à porter lorsqu'il marque un tournant dans la vie de l'éduqué. En 2022, quelques mois après la création de l'association,

1. Isabelle Frechon, Lucy Marquet, « Comment les jeunes placés à l'âge de 17 ans préparent-ils leur avenir ? », Documents de travail INED, 2016.

nous avons décidé d'organiser une rencontre entre un groupe d'élèves de la voie professionnelle et l'ensemble du cabinet de la ministre de l'époque chargée de ce portefeuille. Nous avions envisagé ce temps d'échange comme un préalable à toute poursuite de travail commun, et estimions qu'il était nécessaire, au moment où la dernière réforme était en train de se préparer, qu'elle puisse entendre les réalités rencontrées sur le terrain. Si le dialogue a commencé dans un cadre amical (tout en restant formel), le réel a rapidement repris le dessus. Ainsi, lorsque le sujet du décrochage scolaire et des moyens de lutter contre est venu sur la table, l'expérience d'un des participants a retenu l'attention de l'ensemble du panel. Il évoqua la fracture avec l'institution scolaire au moment où une rivalité de quartiers dans laquelle il était impliqué s'est invitée jusque dans sa classe, et que pour sa sécurité - pour sa *survie* - il avait décidé de ne plus se rendre en cours. Cette tranche de vie sans artifice a probablement contribué à appréhender les réalités de certains élèves au plus haut niveau de l'État, et cette perception est une obligation dans la construction des politiques publiques.

Dans les têtes, violence et voie professionnelle sont profondément liées. Une simple équation impliquant les territoires d'implantation, le milieu social de provenance des élèves et les difficultés scolaires servirait à tirer des conclusions partiellement véridiques sur les causes. Le ministère de l'Éducation, en 2014, rendit publique une note sur la communication des incidents graves par les chefs d'établissements. Lorsque les établissements publics du second degré ont signalé en moyenne 13,1 incidents pour 1 000 élèves, les lycées professionnels déclaraient eux un nombre bien plus haut (25,3 incidents pour 1 000 élèves[1]). Cette violence est évidemment à imputer à ses auteurs en premier lieu. Mais elle doit nous forcer à remonter à la source. Le sentiment d'abandon et de perte totale de perspectives est sans nul doute un principe actif de ce cocktail explosif.

Je me souviens à titre personnel d'une révélation face à la violence physique et symbolique permanente dans le lycée dans lequel j'ai été orienté. Les bagarres quotidiennes, les descentes des forces de l'ordre, la circulation d'armes et d'autres... Dans nos jeunes années, ces faits paraissent divertissants et permettent probablement de s'extraire d'une réalité moins palpitante. Mais le recul m'a fait comprendre le problème. Un élève dans un lycée de la banlieue lyonnaise m'a un jour dit ceci : « Être dans mon lycée, c'est comme être dehors. » Rien que ça. Un autre fait ? Un an après l'obtention de mon baccalauréat, et alors que je commençais à prendre mes marques en licence de sciences politiques, j'ai fait un rapide tour de mes anciens camarades de terminale : il y avait *autant de poursuites d'études que d'incarcérations*. Cette statistique personnelle a allumé la flamme d'une indignation qui dure encore. Contre cette norme dont notre système tout entier s'était satisfait, contre le fait que ces vies bousillées évoquées par Cédric soient indispensables au fonctionnement de notre société. Comme je hais ce

1. DEPP, note d'information n° 38, novembre 2014.

sentiment que le malheur de certains est nécessaire à la marche du monde, et que les histoires ne cessent de se répéter pour les habitants des mêmes villes, des mêmes tours ou des mêmes bourgs, que les enfants des *pros* sont condamnés à devenir des *pros* à leur tour.

Un garage social

« L'organisation scolaire oriente donc des flux très importants de jeunes vers des formations dont les débouchés sont incertains si les élèves ne poursuivent pas au-delà du bac, mais dont le coût est limité [...] On dit pudiquement dans le milieu éducatif que ces spécialités ont principalement une "fonction sociale"[1]. »

Ces mots sont ceux de Nathalie Mons, ancienne experte auprès de la Commission européenne et de l'OCDE et surtout ancienne présidente du Conseil national de l'évaluation du système scolaire (Cnesco). Aussi alarmante soit-elle, cette phrase tirée d'un dossier publié en 2016 par cette instance a le mérite d'être clairvoyante et pragmatique. Je me souviens que peu après le lancement d'Une voie pour tous, et dans la quête de connaissance et de ressources qui m'animait ainsi que mon équipe, c'est un des premiers témoignages que nous avons réussi à trouver. Un seul terme était alors présent dans mon esprit : je pensais avoir sous les yeux

1. Cnesco, *De vraies solutions pour l'enseignement professionnel*, dossier de synthèse, juin 2016.

une forme de scandale d'État. Il m'était impensable qu'une réalité aussi dure, éclairée par des propos émanant de quelqu'un de renseigné, puisse ne provoquer ni réactions ni mesures concrètes. Nous parlons là de près d'un quart de la population française[1], de plus de 600 000 élèves aujourd'hui. Cela n'a rien d'anecdotique. Ces jeunes, souvent issus de milieux modestes ou défavorisés, se retrouvent dans des filières où l'avenir professionnel est plus que jamais incertain.

Nathalie Mons met ici en lumière une gestion des parcours scolaires qui semble parfois plus dictée par des considérations budgétaires que par l'intérêt des jeunes. On peut s'interroger sur les motivations derrière cette organisation : est-ce un manque de moyens, de volonté politique, ou une ignorance délibérée des conséquences à long terme pour ces jeunes ? À ce compte-là, la voie pro n'est pas une voie, c'est un tunnel sans lumière au bout.

Les propos de Nathalie Mons résonnent comme un appel à une prise de conscience collective. Il est essentiel que les décideurs, les éducateurs et la société dans son ensemble se questionnent sur le rôle et l'efficacité de ces filières, et sur la manière dont elles pourraient être réformées pour mieux servir les intérêts de ceux qu'elles sont censées aider. Enfin, il est important de rappeler que cette situation n'est pas figée. Des initiatives, des réformes et des innovations pédagogiques

1. 22,8 % de la population, pour être plus précis. T. Maynaud et Raynaud (dir.), *France, portrait social*, INSEE Références, 2021.

pourraient - devraient - permettre de transformer ces parcours scolaires en véritables tremplins vers la réussite et l'épanouissement. Mais cela nécessite un engagement fort, une volonté de dépasser les discours habituels pour entrer dans une logique d'action, où chaque jeune aurait réellement la possibilité de choisir son avenir et de s'y préparer dans les meilleures conditions. Le constat est dur, mais il ouvre aussi la voie à un espoir de changement, si nous décidons collectivement de ne plus détourner le regard.

La publication de l'indice de position sociale des établissements du second degré illustre bien les propos rapportés plus haut. Selon ces chiffres, les lycées professionnels affichent un indice de position sociale (IPS) moyen de 88, bien en dessous de la moyenne nationale qui est de 102. Ces données illustrent une situation où 93,4 % des lycées professionnels ont un IPS inférieur à la moyenne nationale, contre seulement 15,8 % des lycées généraux et technologiques. Cette intuition que le grand public partage est confirmée par le fait que 84,2 % des lycées généraux et technologiques ont un IPS supérieur à la moyenne, témoignant d'une concentration d'élèves plus favorisés dans ces établissements[1].

Une voie pour tous, l'association que j'ai créée, s'est d'abord construite sur la colère. La colère de me rendre compte, au sortir de mon lycée, que ce que j'avais

1. M. Romain *et al.*, « Au lycée, de nouvelles données révèlent l'ampleur du "tri social" entre les voies générale et professionnelle », *Le Monde*, 11 Janvier 2023.

observé au quotidien, que l'intuition qui était la mienne et qui était partagée par les personnes qui m'entouraient, y compris mes enseignants, était non seulement justifiée, mais en plus documentée. Finalement, la distraction dont nous faisions preuve en classe m'est apparue plus tard comme un simple instinct de survie, un dernier geste d'insouciance avant d'affronter un monde profondément rude. Là où, pour beaucoup, l'obtention du baccalauréat était une carte vers le futur, vers l'enseignement supérieur, la liberté et l'autonomie, pour la majorité d'entre nous, ce diplôme était synonyme de fin. Comme le mariage dans les contes de fées. Pour nous, entrer dans la vie active, c'était quitter le conte. Tandis qu'ailleurs, nous voyions des vidéos de personnes fêter les résultats de leur diplôme, nous nous sommes contentés de nous féliciter pudiquement, et chacun est rentré chez soi, comme si nous avions moins de mérite, comme si un bac pro, ça ne se fêtait pas.

Après quelques mois, alors que je m'orientais vers une licence de sciences politiques, j'ai observé comment l'essentiel de mes anciens camarades se dirigeaient rapidement vers des métiers alimentaires, précaires ou instables, ou, pour les plus motivés, vers des filières de brevets techniques supérieurs (BTS), sans engouement. J'ai alors eu du mal à comprendre l'absence d'action institutionnelle, intellectuelle et médiatique sur ce qui me semblait être au cœur même du dysfonctionnement social. Un scandale se jouait sous mes yeux, et je m'indignais dans le désert ! Jouaient-ils au roi du silence, tous, sous peine d'être renvoyés à leurs propres responsabilités ?

Nous avons alors décidé que l'association serait principalement axée sur les politiques publiques : les redéfinir, les infléchir. Depuis maintenant trop longtemps, une partie du monde associatif – dont certaines assos bien logées – s'est transformé en prestataire de services, au gré parfois des appels à projet, oubliant peut-être leur principale responsabilité : tout mettre en œuvre pour que leur existence ne soit même plus justifiée. Sans remettre en question l'engagement des individualités mobilisées quotidiennement, je questionne l'utilité de l'engagement associatif : à quand de vrais objectifs de transformations systémiques ? Pourquoi depuis les années 1980, les inégalités, en particulier dans les quartiers populaires, n'ont-elles cessé de croître alors même que des moyens importants y sont investis ? C'est en tout cas dans cette exigence de changements globaux que nous avons inscrit Une voie pour tous. Et rapidement, la colère qui était celle du jeune homme que je fus s'est confrontée à la responsabilité du dirigeant associatif que je souhaitais être, qui ne pouvait se contenter de formuler des critiques et d'accuser le monde entier. Il fallait travailler à une école meilleure, il fallait concevoir le lycée professionnel de demain, le lycée pro du futur.

III. Une voie pour tous : redorer notre blason

« Il faut se séparer, pour penser, de la foule,
Et s'y confondre pour agir ! »

LAMARTINE

J'ai beau vouloir m'en éloigner, j'en reviens toujours au stigmate.

Quand on me demandait : « Et toi, tu fais quoi ? », je ne répondais jamais : « Je suis en lycée pro. » Je répondais : « SES ! »

Comme sciences économiques et sociales, ma spécialité au lycée.

(Mais en vrai, pour moi, c'était plutôt : stratégie d'évitement systématique.)

Et s'il me fallait vraiment avouer mon orientation, la conversation finissait toujours ainsi :

« Ah, t'es en pro ? Je ne pensais pas. »

(Parce que je sais aligner trois mots, c'est ça ?)

Ces commentaires m'agaçaient. Pourtant, je les comprends.

C'est peut-être pour ne plus les entendre que j'ai voulu créer Une voie pour tous. Pour qu'ils n'aient plus le début d'un commencement de fondement.

Pour qu'on ne puisse plus jamais me dire : « Admets que... »

Qu'on ne se trompe pas sur mon propos : je ne veux pas « sauver » mes camarades d'une voie en perdition. Je ne veux pas emmener tout le monde en voie générale comme dans un film un peu facile avec un *happy end* en guimauve.

Je veux changer le lycée pro de l'intérieur. Non pas abaisser le niveau général pour faire venir tout le monde en pro, mais hausser le niveau d'exigence en pro pour le rendre désirable à nouveau.

Parce qu'il l'est – en principe – désirable !

N'assiste-t-on pas, depuis quelques années, à une revalorisation énorme des métiers manuels ? Ne voit-on pas de purs esprits se rendre compte au mitan de leur vie qu'ils ont d'autres organes que leur cerveau – deux mains, deux yeux, des épaules ? Combien de traders, de responsables marketing, de chefs de projet devenus qui ébéniste, qui boulanger, qui charpentier ?

Ce que nous voulons, avec mon association, c'est que le lycée pro ne soit plus perçu comme un pis-aller – parce qu'il sera vraiment sélectif, vraiment exigeant.

Mais nous voulons aussi faire voir qu'il est, dès aujourd'hui, un incroyable vivier de talents, de désirs, et d'espoirs pour notre pays. Et que ceux qui le peuplent ont, comme tout un chacun, un désir d'élévation et de considération.

« On ne me permettait pas de m'élever intellectuellement »

Abdenour, pur produit parisien, décrit son environnement comme très complexe. Dernier d'une fratrie de sept frères et sœurs, il est élevé par sa mère seule dans le 18e arrondissement de la capitale, plus précisément dans le quartier de La Chapelle. Chez lui, si l'école incarne l'assurance d'une élévation sociale et d'une sécurité, il n'y voit pas non plus une obligation : il a, chevillée au corps, la conviction que le talent et l'envie suffisent pour s'en sortir.

Pour lui, les difficultés avec l'institution académique commencent au collège.

« Je me suis fait exclure plusieurs fois, de plusieurs établissements. Ça ne m'a pas permis de calibrer correctement mon orientation. C'était compliqué. »

Son souvenir le plus fort, c'est son passage en SEGPA[1], ces classes de collège spécialisées qui scolarisent, dès le plus jeune âge, des jeunes rencontrant un nombre important de troubles, en termes de handicap, de comportement ou de résultats.

« Mon objectif était d'assurer ma SEGPA pour pouvoir avoir une bonne orientation derrière. Mais, le jour

1. Section d'enseignement général et professionnel adapté.

de mon arrivée, on me dit que je serai condamné à aller vers une voie professionnelle, en lien avec la spécialité que je suivais, à savoir commerce ou vente. Déjà, c'était cuit pour la voie générale. »

Sa détermination lui permet rapidement de sortir de cette section, au bout de trois ou quatre semaines. Il s'inscrit alors en troisième prépa-métiers, qui prépare également en fin de collège à la poursuite dans la voie professionnelle. Quand il doit faire le choix de son orientation, il se décide à aller vers la filière qui lui semble à la fois la plus simple et la plus ouverte en perspectives, l'électronique. Le premier jour d'Abdenour dans son lycée professionnel, situé dans le cœur de Paris, évoque une organisation militaire.

L'insalubrité de l'établissement et le manque de mixité entraînent un décrochage rapide de sa scolarité. S'il pensait, grâce à l'emplacement du lycée, pouvoir s'extraire de son environnement, il est vite rattrapé par la réalité de la carte scolaire et des dynamiques d'orientation : beaucoup de ses amis du quartier se retrouvent sur les mêmes bancs que lui. Il affronte aussi l'un des aspects les plus prégnants du lycée professionnel, à savoir une quasi-ségrégation en fonction du sexe, avec des filières perçues comme féminines et d'autres comme masculines.

« Il n'y avait que deux filles dans mon lycée. Et elles ont très mal vécu leur scolarité. Dès qu'elles passaient dans les couloirs, elles se prenaient des remarques déplacées. J'avais l'impression d'être dans un centre de formation pour garçons. »

Quand on évoque ses enseignants, Abdenour brandit une palette à deux couleurs, sans clair-obscur : des professeurs dévoués et aux côtés de leurs élèves ; d'autres défaillants dans leur approche pédagogique ou même dans leurs motivations. Guère d'entre-deux. Pendant des années, un bruit de couloir se faisait insistant : à l'en croire, bon nombre d'enseignants se retrouvaient en voie professionnelle après avoir échoué aux concours pour enseigner en voie générale ou technologique. De plus, il est extrêmement rare de voir des PLP (professeurs de lycée professionnel) détenteurs de l'agrégation, laquelle est perçue comme la distinction suprême des enseignants. Ces éléments poussent alors à appréhender le lycée pro comme un espace de concentration d'orientations subies, tant pour les élèves que pour les enseignants.

« Vous ferez de bons chefs d'entreprise. » C'est à coups de formules comme celle-ci que les enseignants d'Abdenour tentent de le motiver. Hélas, cette confusion entre épanouissement personnel et réussite économique ne fonctionne pas sur lui. Il se fait de plus en plus absent en cours, tout en conservant de bonnes notes, et se sent dépossédé de son ambition, arraché à ses rêves. Un jour, il décide d'aller voir son proviseur et de lui faire part de son mal-être.

« J'étais frustré par ce sentiment qu'on ne me permettait pas de m'élever intellectuellement. »

Avec cet homme compréhensif, il parvient à un arrangement : si ses notes sont correctes, il pourra prétendre à une passerelle vers la première technologique.

Chiche ! L'élève du nord de Paris respecte ses engagements. Néanmoins, l'équipe pédagogique rechigne à le laisser partir... Mais grâce à la mobilisation d'acteurs associatifs et de ses éducateurs, il parvient à s'extraire de son bac pro.

Pour lui, c'est prendre la clé des champs.

Un coup d'œil chez nos voisins

Dessiner le lycée professionnel de demain est un défi d'une rare complexité. Il est plus simple de l'imaginer sur papier et dans sa tête que de passer à sa matérialisation, dans la vraie vie. Mais cette crainte de construire des principes et des idées qui trouveraient difficilement une traduction sur le terrain explique probablement en partie l'immobilisme sur la voie professionnelle, et sur l'école en général : à quoi bon ? Aussi, la voie professionnelle peut-elle s'apparenter à un rond-point. En effet, elle se trouve au cœur d'un croisement qui mêle monde éducatif, monde économique, monde industriel et social.

Pour bien comprendre où l'on en est, il peut être instructif de regarder les pratiques et réalités actuelles chez nos voisins européens, et un peu plus loin.

Tout d'abord, rappelons que plusieurs typologies éducatives, que l'on pourrait qualifier de « culturelles » distinguent les pays entre eux, comme le notent les sociologues Isabelle Recotillet et Éric Verdier. Un premier modèle d'enseignement se caractérise par une place importante du marché dans la structure éducative, ce qui implique une part plus importante de la formation en entreprise et une autonomie de ces dernières. Un second modèle, pour le moment majoritaire en France, vise à garantir une direction centralisée par l'Éducation nationale, donc un enseignement priorisant en principe l'axe éducatif et scolaire. Enfin, un dernier modèle assure la synthèse des deux premiers, en mettant en avant les systèmes d'alternance.

La Suisse et l'Allemagne sont souvent considérées comme des exemples de réussite en matière de formation professionnelle. Dans ces deux pays, l'enseignement professionnel est basé sur une méthode qui permet aux jeunes d'apprendre à la fois en classe et en entreprise. Cette combinaison d'apprentissage théorique à l'école et d'expérience pratique en entreprise est très efficace pour préparer les jeunes à entrer dans le monde du travail.

En Allemagne - où l'industrie manufacturière représente encore 17 % du PIB (contre 11 % en France) -, la formation professionnelle est très importante et concerne une grande majorité de jeunes. Après l'école secondaire (le *Gymnasium*), beaucoup d'élèves choisissent cette voie. Pour être exact, il y a même une majorité d'élèves qui s'y orientent : entre 50 % et 60 %. Ils passent une partie de leur temps en classe, où ils apprennent des matières théoriques, construites en rapport direct avec leur futur métier, et une autre partie dans une entreprise, où ils mettent en pratique ce qu'ils ont appris. Les entreprises allemandes jouent aussi un rôle central dans ce processus. Elles prennent des apprentis, leur apprennent le métier et ses attentes ; en retour, elles bénéficient de travailleurs qualifiés qui sont souvent prêts à rester dans l'entreprise après la fin de leur formation. Les jeunes, quant à eux, sont assurés d'acquérir des compétences recherchées, ce qui leur permet de trouver un emploi rapidement à la fin de leur formation, et clarifie en partie le rôle de la voie professionnelle.

Le système allemand offre aussi une grande variété de métiers. Les jeunes peuvent se former à des métiers dans des secteurs comme l'artisanat, l'industrie ou les services. En plus d'entrer facilement sur le marché du travail, ils ont aussi la possibilité de continuer leurs études s'ils le souhaitent, en intégrant des écoles techniques spécialisées. Cette flexibilité permet à chacun de choisir le parcours qui lui convient le mieux.

La Suisse a un modèle de formation qui se rapproche de celui de l'Allemagne. De même, les jeunes y alternent entre des cours à l'école et du travail en entreprise. Ce modèle est très populaire en Suisse, où environ 70 % des jeunes choisissent cette voie après l'école secondaire. Un des points forts du modèle suisse est qu'il conserve la possibilité de poursuivre des études supérieures après la formation professionnelle. Par exemple, un jeune qui a suivi une formation professionnelle peut ensuite entrer dans une haute école spécialisée (HES) pour obtenir un diplôme plus avancé. Cela permet aux jeunes de ne pas être déterminés par un choix (ou non-choix) qu'ils ont fait à 13 ans, et de continuer à se former tout au long de leur vie professionnelle. De l'autre côté du lac Léman, la formation professionnelle est perçue comme un choix prestigieux, offrant de bonnes perspectives d'emploi et de poursuite d'études. Les entreprises suisses, comme celles d'Allemagne, sont très impliquées dans ce système et participent également à la formation des jeunes, ce qui assure une bonne correspondance entre les compétences enseignées et les besoins du marché du travail.

Ces deux exemples montrent qu'il n'y a pas de fatalité, et rien dans l'essence même de l'enseignement professionnel qui le condamne à l'opprobre.

Ce qui rend ces systèmes en Suisse et en Allemagne si efficaces, c'est la combinaison d'un apprentissage en classe et d'une expérience en entreprise, mais aussi les perspectives de mobilité sociale par la valorisation du diplôme pro dans l'enseignement supérieur. Les diplômes obtenus à la fin de ces formations sont en effet largement reconnus. Cela signifie que les jeunes peuvent non seulement travailler dans leur pays d'origine, mais aussi envisager une carrière à l'étranger s'ils le souhaitent.

Quand faire une dissert, c'est l'Everest !

Ainsi, faire de la voie professionnelle une voie d'émancipation et d'épanouissement est possible. Pour autant, la transformation du lycée professionnel nécessite de prendre les enjeux dans leur ensemble à la source. Pour beaucoup d'élèves, lorsqu'ils passent la porte de l'établissement, les jeux sont déjà faits, et leurs problématiques sont vouées à les hanter jusqu'à la fin de leur vie.

En octobre 2020, je fis ma rentrée en licence de sciences politiques. Étant le seul de mon ancienne classe de lycée pro à poursuivre les études à l'université, je me suis senti d'emblée *en mission* : je *devais* réussir dans cet environnement où la présence d'un bac pro représentait rien de moins qu'une anomalie, et où mes chances de réussite en première année de licence étaient statistiquement nulles, ou presque. Je le devais à mes anciens camarades. Ma première crainte était celle de l'écrit : et si mon imposture se révélait au grand jour ? Mes capacités à l'oral, qui m'ont tiré de tous les mauvais pas, ne sauraient cette fois-ci se substituer à mes carences rédactionnelles. Heureusement, j'avais un atout dans ma manche : la conscience très nette du retard qui était le mien. Pour être honnête, je pense bien que jusqu'à mes 20 ans, mes capacités à comprendre la construction du français et à l'écrire sans faute d'orthographe se limitaient aux acquis d'un élève de quatrième. Je ne faisais que commencer à en voir l'importance matérielle et symbolique à la fin de mon lycée professionnel. La pile de remarques et de corrections en rouge (que je ne prenais jusqu'alors jamais la peine de regarder en détail) trouvaient d'un coup tout leur sens.

J'ai rapidement eu à affronter ma première dissertation. Rendez-vous compte, je vous prie, de l'Everest que cela représentait pour moi. Écrire. Pour de vrai !

Plusieurs pages, pour dire quoi ? Est-ce que j'étais capable de dire quoi que ce soit ? De l'écrire ? Cela me paraissait infaisable. Cette sensation de ne pas avoir le niveau de base requis pour évoluer en société est moteur d'une séparation intime, et d'un ressentiment diffus. Lors des tests de positionnement en français réalisés à chaque rentrée scolaire dans l'ensemble des établissements de l'enseignement secondaire, 63,4 % des élèves de la voie professionnelle sont en situation d'échec, et cela monte à 71 % en ce qui concerne le test de positionnement en mathématiques[1]. Voilà d'où partent des centaines de milliers de jeunes qui doivent se préparer tous les ans à affronter un monde aussi complexe qu'incertain. Alors, définitivement, le lycée professionnel prend pour mission première de tenter de reconnecter ces jeunes au système éducatif et à eux-mêmes. Si des choses existent déjà pour détecter d'éventuels handicaps, il est indispensable d'avoir une vraie politique de dépistage des dysfonctionnements orthophoniques, de la dyslexie ou des autres *dys* pour les jeunes dès le plus jeune âge, partout sur le territoire.

Réparer le présent, c'est protéger le futur. Depuis la création d'Une voie pour tous, j'ai compris la difficulté que représentait, pour une partie de l'administration de l'Éducation nationale, le fait de reconnaître ses défauts et de se forcer à les régler. Peut-être par manque de temps – les ministres successifs n'ayant d'autre objectif que de

1. DEPP, « Test de positionnement de début de seconde 2023. Premiers résultats », note d'information nº 24.17, avril 2024.

graver leur nom dans le marbre par une réforme –, ou par manque de moyens, peut-être parfois par manque d'ambition. Heureusement, les acteurs de terrain sont souvent ceux qui innovent et commencent ce qui se transforme parfois, sans gloriole, en solution. Il s'agit de l'avenir du pays, et de rien d'autre. Les quelques sacrifices qu'exigerait l'engagement total des pouvoirs publics ne sont rien par rapport aux drames que l'on s'éviterait par la même occasion.

Mais une tache d'encre nous empêche toujours d'entrevoir une fin heureuse pour l'enseignement professionnel tant qu'elle ne sera pas effacée : celle de l'assignation, de l'orientation forcée. En effet, il me paraît impossible d'envisager une quelconque revalorisation – mot galvaudé – sans que celle-ci soit précédée d'une politique publique ambitieuse qui proclame un objectif clair : tendre vers un « 0 % d'orientation subie ». Cette orientation contrainte constitue une injustice sociale qui mine la confiance dans les filières professionnelles et les enferme dans un statut de voie de relégation. La réticence des parents à voir leurs enfants s'engager dans ces filières est en partie due à la vision stéréotypée et dévalorisante que nous entretenons collectivement à propos des métiers dits manuels – bien qu'ils soient minoritaires parmi les apprenants de l'enseignement professionnel. Mais derrière cette hostilité apparente, ne se cache-t-il pas une frilosité plus profonde quant à la population qui compose ces établissements et l'environnement scolaire qui y règne ?

Retrouver de la confiance passe par le fait de redonner aux élèves les clés de leur destin. On ne peut pas prétendre vouloir le bien d'un individu en l'empêchant de se réaliser comme il le souhaite. Même quand les compétences académiques observées en classe pourraient laisser présager un échec dans la voie qu'il brigue, doit primer ce que j'appelle le « droit du choix » : cet acte consistant à laisser à l'élève l'opportunité de réussir ou de se tromper, en restant acteur de son échec. Quand on rêve de devenir médecin, il est bien plus douloureux de n'avoir jamais passé le concours, et d'aller échouer vaguement en plomberie ou ailleurs, plutôt que de se heurter à la difficulté du concours, quitte à s'y casser les dents. C'est le prix de cette liberté qui est à retrouver.

Ainsi, viser un « 0 % d'orientation subie » ne relève pas du simple changement de politique éducative, il s'agit d'une transformation profonde de la manière dont nous concevons l'éducation et la notion d'épanouissement à l'école. Cela implique de restaurer la dignité de ces filières en redéfinissant leurs objectifs, en revalorisant les métiers auxquels elles préparent, et surtout en changeant la perception que nous avons de leurs apprenants. Est-ce que l'école doit être le lieu où les figures d'autorité instituées peuvent imposer un choix à moitié éclairé à des jeunes, des individus, dont elles ignorent parfois tout ? Ou bien un lieu qui, sans oublier l'exigence, doit galvaniser, permettre de rêver, de s'accomplir ? L'orientation, ce n'est pas que l'histoire triste de gamins qui découvrent déçus le lycée qui veut bien d'eux. C'est aussi un moment de confiance, un moment qui permet une seconde chance. Ce sont ces moments, de plus en plus rares, qui donnent toute sa saveur à l'idée folle de Charlemagne.

Entre accomplissement personnel et insertion sur le marché

Je l'ai rapidement évoqué dans les lignes précédentes. La question de la carte des formations pour la voie professionnelle est au cœur de nos enjeux. Souvent, on observe une opposition de postures entre ceux, d'une part, qui considèrent que les filières proposées sur un territoire doivent exclusivement s'appuyer sur des besoins locaux, correspondant aux emplois proposés dans une aire donnée ; d'autre part, ceux qui s'indignent face à ce qui, de loin, peut ressembler à une marchandisation de l'éducation, comme si la mission principale de ces établissements était de fournir des travailleurs capables d'entrer rapidement et efficacement sur le marché du travail. Ces deux pôles structurent en partie l'attribution de la compétence sur le lycée et la carte de formation, aujourd'hui à la main des régions, considérées – à juste titre – comme les plus proches des réalités de leur territoire.

Il est difficile de sortir du cadre de ce débat. D'une part car des besoins et des opportunités d'emplois se font entendre sur l'ensemble de la chaîne du secteur privé, des très petites entreprises aux groupes du CAC 40. Et il ne s'agit pas que d'exploitation des masses ouvrières comme on peut l'entendre ici et là. Il s'agit aussi de la place de la France dans le monde, de sa souveraineté, de sa capacité à relever les défis de la mondialisation et à tenir tête à des nations bien mieux industrialisées, avec une main-d'œuvre moins chère. Comment assurer notre indépendance énergétique, industrielle, alimentaire sans personnes dédiées à ces métiers ? Comment affronter demain le vieillissement de la population sans individus formés aux métiers du soin à la personne, ou faire face au dérèglement climatique sans personnel dans les chaînes de tri de déchets ? Le secteur de l'hôtellerie-restauration subit, en partie depuis la crise de la Covid, un manque de 200 000 à 300 000 postes à pourvoir, quand 490 000 postes seraient à pourvoir pour les agents d'entretien ou encore un peu moins de 160 000 pour les ouvriers de manutention[1].

Derrière ces métiers indispensables au bon fonctionnement de la société, qui doivent être reconnus et valorisés à leur juste mesure, se cachent des conditions de travail extrêmement difficiles, marquées par l'instabilité, le stress et une rémunération souvent insuffisante pour mener une vie décente. Ces conditions de travail précaires ont des conséquences directes sur la qualité de vie des travailleurs, influençant à la fois leur santé physique et mentale, ainsi que leur espérance de vie.

Une douloureuse réflexion s'ouvre alors. En effet, les statistiques sont implacables : en 2022, un cadre âgé de 35 ans peut espérer vivre jusqu'à 83,9 ans, tandis qu'un ouvrier du même âge ne vivra en moyenne que

1. DARES, « Les métiers en 2030. Quelles perspectives de recrutement en région et au niveau national ? », dossier, 26 juillet 2023.

jusqu'à 78,6 ans. Cet écart est tout aussi significatif chez les femmes : une cadre de 35 ans a une espérance de vie de 88 ans, contre 84,6 ans pour une ouvrière. Ces chiffres traduisent une réalité sociale effrayante : en France, l'espérance de vie est encore fortement liée à la catégorie socioprofessionnelle. Plus précisément, le type de travail que l'on exerce, qui dépend souvent du niveau d'études atteint, conditionne de manière significative non seulement le quotidien des individus, mais également leur longévité. Ces données soulèvent une question fondamentale : acceptons-nous que, dès le plus jeune âge, notre avenir en matière de santé et d'espérance de vie soit déterminé par notre statut social ?

Le problème se pose particulièrement lorsque l'on analyse les inégalités à travers le prisme de l'éducation. Comme l'expose de manière convaincante Emmanuel Todd dans son essai *Les Luttes des classes en France au XXIe siècle* (Le Seuil, 2020), le diplôme ne constitue plus seulement, aujourd'hui, un indicateur de compétences intellectuelles ou d'acquis cognitifs. Il est devenu avant tout un passeport vers une stabilité professionnelle et une meilleure qualité de vie. Le diplôme est donc un facteur clé dans l'accès à certains types de métiers, notamment ceux qui offrent une protection sociale accrue, des conditions de travail moins pénibles, et par conséquent, une meilleure santé à long terme.

En effet, ces fonctions sociales vont être distribuées aux jeunes qui sortent des voies professionnelles – soit parce que leurs formations les y orientent, soit parce que le manque de reconnaissance en leurs compétences globales dans la traduction du diplôme les y condamne. Une fois encore, si les carrières étaient avant tout motivées par des choix, le problème se poserait différemment. Mais quand elles suivent des trajectoires d'assignation sociale, puis scolaire, puis économique donc de nouveau sociale, cela explique que l'école puisse aujourd'hui s'apparenter, pour certains, à un distributeur de points de vie.

Pour dépasser au moins en partie le sentiment d'inertie que peut donner un « système » dont en fin de compte nous sommes tous contributeurs, nous avons un devoir de *créativité*. Pour penser une formation professionnelle innovante.

Pour une école de la créativité

Car comment affronter les bouleversements technologiques et numériques sans une industrie du jeu vidéoludique structurée ? *Quid* du manque de réponses aux propositions d'emplois d'ingénieur informatique ? Quelle réponse à l'ambition affichée récemment par la région PACA de devenir un terrain d'excellence dans l'industrie créative et le cinéma ? Questionnons-nous sur la place que pourraient occuper des élèves en formation professionnelle pour ces métiers, surtout lorsqu'il peut parfois leur être reprochée une forme d'uniformité sociale. Imaginez, demain, des filières « industrie créative » ! « transition environnementale » ! « sciences de l'éducation » ! qui soient accessibles au plus grand nombre, construites à partir de besoins réels et non seulement de lubies du présent. Cela contribuerait sans doute à tempérer la déception des jeunes envoyés dans des formations aux noms aguicheurs mais décevantes dans leur contenu – comme le racontait *Libération* dans un article de 2024 sur la désillusion des élèves de la filière « transition environnementale », qui se retrouvaient finalement sur une chaîne de tri, bien loin de ce qu'ils pouvaient imaginer. Comme s'ils avaient fait fausse route.

D'où l'impression que leur sort est moins visible et que, par conséquent, leur avis vaut moins que celui des autres – cela, je l'ai observé, et je l'attribue directement à l'absence de cours de philosophie en voie professionnelle. C'est d'ailleurs un des éléments de distinction les plus symboliques (et les plus tangibles) qui puisse exister entre la générale et la pro. Nul ne dit que la capacité de travail intellectuel se manifesterait seulement en cours de philosophie dans l'enseignement secondaire ; mais reconnaissons ce qu'elle implique, ne serait-ce que dans l'imaginaire. Cette matière est celle de la réflexion, de l'abstraction, c'est la matière où l'on interroge le sens de l'existence, de la communauté, de nos actes et pensées – je procède là par supposition, n'ayant moi-même pas suivi un seul cours de philosophie de ma vie. Serait-ce un simple oubli des dizaines de ministres de l'Éducation qui se sont succédé depuis des décennies ? Ou peut-être a-t-on considéré que la philosophie n'était pas une priorité dans leur corpus pédagogique au motif que la principale ambition du parcours se trouverait dans l'accès au marché de l'emploi ? Ou s'agit-il simplement du mépris d'une partie de l'administration, complètement ignorante de la voie professionnelle, et auto-persuadée que des élèves rencontrant des difficultés en français ne pourraient jamais performer dans une telle discipline ? À mon sens, c'est un petit peu tout ça qui se mélange dans cette non-réflexion aux conséquences désastreuses sur l'estime de soi, sans parler de la suppression du tiers des enseignements généraux (histoire-géographie, français, mathématiques) de ces filières où il devrait au contraire y avoir un réinvestissement massif et prioritaire dans les compétences de base.

La transformation de la carte de formation implique nécessairement une transformation du rapport au travail et à l'épanouissement - toujours lui - qui peut y être trouvé. Une orientation, choisie, dans une filière ne doit pas rimer avec une assignation à exercer à vie dans ce même secteur d'activité. Elle se doit d'être une liberté d'en savoir plus et de découvrir un monde sur lequel on porte un intérêt. Elle doit aussi permettre d'envisager un avenir plus lumineux qu'aujourd'hui. Et ne plus rimer avec un enfermement professionnel.

Je voudrais proposer une allégorie simple du lycée professionnel, une image de ce qui doit être changé dans le rapport aux métiers : la cour de récréation ! Parfaitement. Imaginez-vous un instant un espace où des hommes se croisent, se mêlent, avec des bleus de travail ou d'autres vêtements professionnels. Ces mêmes hommes adossés à la machine à café, une clope à la main. Ces mêmes mains noires, grises ou blanches des efforts effectués juste avant. Le visage fermé, le travail commence à les ronger, à les marquer. Lorsque la sonnerie retentit, il leur faut s'appuyer sur une chaise ou une table pour se redresser. Maintenant, imaginez des visages d'adolescents, d'enfants sur cette description. Cette vision d'une jeunesse vieillie trop tôt est figée dans ma mémoire. Pour certains, c'est comme si dès 14 ans, c'était la fin du film. La fin de l'histoire. Et que le reste de la vie était une longue litanie de sacrifices physiques, de routine, avec pour seul horizon : l'âge du droit à ne plus travailler.

Une hypothèse me vient alors : la différence entre la voie générale et la voie professionnelle ne se logerait-elle pas aussi dans le droit qu'offre la première, par la poursuite d'études, à faire durer un peu plus longtemps la légèreté de la jeunesse et son insouciance, quand la seconde oblige à se confronter très tôt à la lourdeur de la vie d'adulte, à son pragmatisme froid et étriqué ? Est-ce donc un des rôles de ce sas qu'est le baccalauréat différencié ? De laisser durer ce moment doux pour certains et de l'abréger pour d'autres ? Et cette différence, ne serait-elle pas également un des leviers pour réformer en profondeur la façon dont nous percevons la voie professionnelle dans son ensemble ? Et si cette transformation passait par une valorisation des choix, une ouverture à plus de flexibilité, à la possibilité de rebondir, d'apprendre tout au long de la vie, au lieu de l'enfermement dans une filière ?

À travers ces transformations, il faudrait aussi questionner la place de l'épanouissement personnel dans la formation professionnelle. Pourquoi ne pourrait-elle pas, elle aussi, inclure davantage d'occasions pour les jeunes de découvrir des passions, d'explorer des domaines variés ? Car au-delà de la simple préparation à un métier, il est primordial que la formation professionnelle donne la possibilité aux jeunes d'imaginer un avenir où ils peuvent se réaliser. Ce que l'on oublie souvent, c'est que l'éducation n'est pas uniquement un outil pour entrer dans la vie active. Elle est un moyen de grandir, de s'ouvrir au monde et de développer un esprit critique, des talents divers. Réorienter cette carte, c'est peut-être aussi accorder ce droit à rêver, à expérimenter, à se tromper, un peu plus longtemps.

From bac pro *to* Sciences Po

En juillet 2022, je suis invité par une femme aux multiples engagements – membre de nombreux conseils d'administration et qui venait d'être classée parmi les personnalités les plus influentes en France – à rencontrer Mathias Vicherat, alors directeur général de Sciences Po Paris. Cette rencontre, je l'espérais depuis plusieurs mois. Elle revêtait une saveur particulière, peut-être teintée d'une rancœur pas tout à fait consciente. Pourtant, alors que notre travail institutionnel et politique avec l'association portait largement et rapidement ses fruits, j'étais devenu acclimaté aux discussions de cette volée ; mais là, l'enjeu était plus personnel. J'ose le dire à présent, il s'agissait d'une revanche : je voulais avoir Sciences Po.

Mes engagements juvéniles m'avaient rapidement amené à prendre connaissance de cette institution, au cœur de beaucoup de fantasmes et de symboles. Sciences Po Paris, c'est la machine à fabriquer des présidents de la République, des dirigeants de grandes entreprises, des communicants réputés, des financiers en place. C'est l'école qui garantit une réussite et une reconnaissance sociale. Un revenu confortable et un entre-soi – réel ou supposé – de grande qualité. Par ailleurs, c'est une des écoles pionnières en matière d'ouverture sociale. C'est un concept maintenant largement galvaudé, mais qui, dans l'idée, permet d'amener des populations dont on reconnaît que des facteurs extérieurs puissent entraver leur trajectoire académique, et qui met donc en place des passerelles ou des parcours adaptés aux difficultés des populations ciblées.

J'y ai cru, à cette ouverture. Jusqu'à ce qu'un jour, je m'aventure sur le site d'inscription de cette école, dans le cadre de la préparation à la machine à tri nommée Parcoursup. Je clique sur l'onglet déroulant « formation suivie », et là, étonnamment, je ne vois pas la mention « enseignement professionnel ». Je recharge la page. Même résultat. Mais qu'est-ce qu'une école qui parle d'ouverture sociale, sans même envisager la possibilité d'y entrer pour une si grande part de notre jeunesse ? C'est une mini-humiliation que je vis face à cet écran d'ordinateur. Je me rabats sur plusieurs demandes de licence – histoire, sciences politiques, sciences sociales. Sûr que jamais, au grand jamais, je ne serai comptable, je ne mets même pas de côté un BTS, au cas où. J'avoue aujourd'hui tranquillement que j'ai eu à batailler avec certains enseignants qui auraient souhaité que je poursuive dans une filière technique du supérieur, même si celle-ci n'avait rien à voir avec mes intérêts et aspirations. Comme une histoire qui se répète à bas bruit...

Cette rencontre, je l'avais donc préparée comme l'on prépare habituellement une campagne d'opinion. Le parti pris de départ, c'était qu'il y aurait un désaccord. Et que sur la pierre de ce désaccord, devrait se construire une bataille politique afin d'arriver à nos fins.

À ma grande surprise... aucune réticence n'est venue de la part de l'ancien directeur de l'Institut d'études politiques de Paris. De l'enthousiasme plutôt. C'est vrai qu'il avait été sensibilisé quelques mois plus tôt au blocage administratif que rencontraient les élèves de la voie professionnelle pour déposer leur candidature à l'école, et qu'un membre de sa famille avait lui-même été orienté vers la voie professionnelle. Au bout de cinq minutes de discussion, nous étions déjà passés de la présentation de notre proposition à l'expérimentation qui s'ensuivrait et à sa mise en place, dès la rentrée suivante.

Lorsqu'en septembre, l'annonce fut rendue publique, les réactions furent très équilibrées, entre la reconnaissance d'une avancée aussi inédite qu'inattendue, et une critique raffinée, souvent à la lisière de la méchanceté, avec des relents de moquerie. On évoqua un « BEP

Sciences Po », un « nivellement par le bas », d'autres un « Sciences Pro », quand ce n'était pas carrément « le début des agressions au sein de l'école » ! Évidemment, des commentaires plus encourageants, attentifs, voire émus d'anciens élèves de l'institution tempéraient cette levée de boucliers. Mais, tout en l'ayant recherchée, je ne pus m'empêcher d'être interpellé par l'agitation – toute relative – provoquée par cette nouveauté. D'autant plus que les critiques les plus pointues et ciblées venaient de jeunes étudiants de grandes écoles ayant eux-mêmes bénéficié de programmes d'ouverture sociale... Ces derniers considéraient que l'initiative d'ouverture à la voie professionnelle n'était rien d'autre qu'un coup de com, servant sûrement des intérêts personnels, mais voués à l'échec sur le plan académique. Avant de développer plus précisément sur l'enseignement supérieur, attardons-nous quelque temps sur ce point.

Emmanuel Todd, cité plus haut, analysait l'augmentation de la population diplômée du supérieur comme un facteur de fracture, puisque, selon lui, plus nombreuses sont les personnes à être diplômées de l'enseignement supérieur, moins elles créent de liens sociaux avec ceux qui ne le sont pas. J'aimerais ajouter une analyse plus personnelle à cette hypothèse. À l'instar de Sciences Po Paris, d'autres institutions publiques et privées ont, depuis vingt ans, développé des stratégies autour des enjeux de l'égalité des chances. Depuis la seconde moitié du XXe siècle, l'idée des inégalités structurelles a motivé des innovations quant aux moyens d'accès à des espaces jusqu'alors fermés à certaines parties de la population. Au sein de ces espaces concentrés dans les aires urbaines – où c'est majoritairement une population précaire qui se trouve confrontée à l'immigration –, dans les quartiers populaires des grandes villes et des banlieues, les politiques dites d'égalité des chances se sont mêlées avec d'autres politiques dites de diversité. Avec le recul, il semble que ces politiques d'égalité des chances n'aient pas totalement répondu à leur ambition de départ, à savoir de permettre à tout un chacun d'avoir les mêmes conditions permettant le même accès à la réussite sociale. Car, si les quartiers et villes périphériques concentrent évidemment les sujets d'inégalité, il y existe et y demeure une part – minoritaire, il faut le préciser – de la population qui va « bien ». Une classe moyenne, qui a encore droit au logement social, ou des enfants de la deuxième ou troisième génération d'immigrés ayant eu accès au tant rêvé pavillon de banlieue. Des professeurs, des comptables, des conducteurs, des fonctionnaires, des chercheurs parfois. Toutes ces populations dont on pourrait rapidement prétendre qu'elles appartiennent encore à des catégories socioprofessionnelles précaires, mais qui s'en sortent. Maintenant, il apparaît aujourd'hui que ce sont les enfants de ces familles de la classe moyenne qui, par leur ville de résidence, bénéficient des dispositifs d'égalité des chances. Leur structure familiale leur permet, et c'est heureux, de bénéficier de programmes initialement pensés pour des publics dans un besoin plus urgent.

Transfuges de fantasmés, diversité de façade

En 2011, un rapport de Sciences Po[1] fait l'état des lieux de son programme de conventions d'éducation prioritaire (CEP), qui permettait jusque récemment des modalités d'entrée différenciées pour les élèves scolarisés dans des lycées d'éducation prioritaire. Si cette grande école fut, il faut le reconnaître, pionnière en matière d'ouverture sociale – et renouvelle cette ambition avec le programme sur la voie professionnelle –, un des constats majeurs sur ce programme des conventions d'éducation prioritaire est que, malgré une augmentation de la part d'étudiants issus des milieux populaires, ce sont surtout les enfants des classes moyennes de banlieue qui bénéficient le plus du programme. Les élèves issus de familles dont les parents exercent des professions intermédiaires, comme les enfants d'enseignants, sont ainsi surreprésentés, réduisant l'impact sur les familles véritablement défavorisées. De nombreuses zones classées en éducation prioritaire ne sont en effet pas uniquement peuplées de familles ouvrières ou très modestes ; elles abritent également une proportion importante de familles de la classe moyenne, dont les enfants sont souvent plus en mesure de saisir les opportunités offertes par le programme CEP.

1. Vincent Tiberj, « Sciences Po, dix ans après les Conventions Éducation Prioritaire », Sciences Po, Paris, 2011.

Un autre article du média *Welcome to the jungle*[1] publié en 2023 pointait quant à lui les impostures des récits de « transfuges de classes ». Dans ce papier, il est question des « faux transfuges de classe », c'est-à-dire des personnes qui prétendent avoir vécu une ascension sociale importante, alors qu'elles viennent souvent d'un milieu relativement aisé – rapporté aux réalités sur le plan national. Ces personnages construisent alors un récit exagéré de leur parcours pour se présenter comme des modèles de réussite. En réalité, ils dissimulent les avantages liés à leur classe d'origine, derrière un département d'origine, d'habitation, parfois même derrière une origine ethnique ou une couleur de peau. Cette tendance soulève des critiques, car elle trompe sur les véritables difficultés rencontrées par les « vrais » damnés, ceux qui ont réellement à surmonter des obstacles sociaux au quotidien. Le texte rappelle que ces « vrais » *potentiels* transfuges font souvent face à des barrières invisibles, quand ils ne rencontrent pas sur leur chemin ces gagnants des politiques d'ouverture sociale, les jongleurs sociaux. C'est, comme le déplorait Tzvetan Todorov, une course aux oppressions, une concurrence du malheur supposé ou réel, voire d'un malheur créé de toutes pièces. À la décharge des institutions et des décideurs, éloignés de ces enjeux, il est objectivement difficile de savoir qu'une rue peut séparer un quartier,

1. Aurélie Cerffond, « Faux transfuges de classe : quand l'origine sociale devient un enjeu de *storytelling* », *Welcome to the Jungle*, 27 février 2023.

une cité populaire d'une zone pavillonnaire, et qu'une ville, aussi pauvre soit-elle, peut abriter des villas de plusieurs centaines de mètres carrés et, en même temps, des zones véritablement précaires.

Ce propos ne vise pas à minimiser les rapports de domination qui peuvent malgré tout exister entre les aisés, les moyens et les précaires. Il vise plutôt à regarder l'impact que cela a sur l'analyse de fond des dysfonctionnements qui impliquent, jusqu'à nos jours, que l'école n'arrive plus à accrocher les plus éloignés. D'abord, l'effet d'aubaine entraîné par la mise en avant de ces parcours de réussite de personnes prétendument inattendues dans les formations d'excellence provoque un éloignement encore plus fort des jeunes qui ne s'y reconnaissent pas. Voir que quelqu'un qui vit dans le même département que soi - parfois dans la même ville, bien qu'il n'y ait que ça de commun - réussit sur le plan académique peut amener à ressentir un échec personnel plus fort. Hélas, il est facile, et même rationnel, de comprendre la réussite de quelqu'un à qui on ne peut s'identifier. Celle-ci nous est extérieure. Quand on voit un *dunk* de LeBron James, ce que l'on ressent est de l'admiration et non de l'envie. La littérature scientifique nous a maintenant informés du lien entre origine sociale et trajectoire scolaire et sociale. C'est un exercice bien moins évident lorsque le modèle de réussite est censé nous ressembler, ne serait-ce que physiquement. J'ai réellement compris la notion de reproduction sociale lorsque j'ai observé que, parmi les personnes issues de l'immigration comme moi et venant de territoires périphériques, ceux qui réussissaient malgré tout à l'école étaient le plus souvent issus de milieux plutôt favorisés. Les élèves du fond de la classe sont donc condamnés à regarder ceux du premier rang raconter leur histoire.

« Toi tu ne réussis pas, mais regarde ton camarade devant. Pour lui, tout fonctionne, pour toi rien. Pourtant, rien ne vous différencie vraiment. Tu es le seul responsable. »

L'autre effet se trouve dans les solutions à apporter sur le fond pour toutes celles et ceux qui n'auront pas l'occasion de réussir de la même manière. Même maquillée, l'homogénéité sociale dans l'enseignement supérieur, qui plus est dans les grandes écoles censées préparer une élite capable de répondre aux défis de notre monde, entraîne une homogénéité de points de vue et de réflexes. Comment penser une politique de lutte contre le décrochage avec des dirigeants qui ont toujours été dans l'excellence académique ? La disruption si en vogue dans certaines entreprises privées peut-elle dépasser la simple question de la colorimétrie de leurs équipes ? Même ceux qui, sans venir des familles les plus aisées, ont toujours navigué dans des environnements d'excellence grâce à des résultats scolaires remarquables, perpétuent cette homogénéité.

Oui, je n'hésite pas à l'écrire : une diversité réelle, des points de vue et des sensibilités, doit faire entrer dans ses rangs celui qui a fait l'expérience du radiateur du fond de la classe, du zéro pointé. Elle intègre déjà les zéros en sport (« J'en ai marre de me faire gruger /

Par des tronches de dispensés de sport », rappait ainsi Akhenaton), pourquoi pas les zéros en maths ? Sans ces points de vue, les cabinets ministériels et autres comités exécutifs seront victimes de myopie.

La voie professionnelle doit intégrer cette réflexion. Car elle a le défaut, ou la particularité d'accueillir majoritairement des jeunes aux parcours de vie et scolaires semés d'embûches. C'est précisément ces parcours *d'anciens derniers* qui manquent aujourd'hui dans les espaces de décision et de construction du pouvoir. Ce sont eux qui peuvent apporter un regard nouveau, sensible, épidermique à des problématiques quotidiennes. C'est de leur absence dans les processus de décision que naissent des mouvements comme les Gilets jaunes.

Le plaidoyer pour une ouverture plus forte de l'enseignement supérieur et des grandes écoles vers la voie professionnelle, avec la mise en place de programmes adaptés, comme nous l'avons montré avec Sciences Po Paris, n'est pas simplement une question de revanche, de « ma » revanche. Il s'agit d'un enjeu collectif. Il en va de notre capacité à intégrer la vraie différence, celle qui dérange, qui confronte aux contradictions de notre société.

Dans une de mes classes, en lycée pro, il y avait de nombreux allophones, qui parfois passaient une tête, faisaient un petit tour et repartaient ; la plupart restait. Je me souviens d'un Guinéen, pas forcément le plus travailleur. Du jour au lendemain, il a dû quitter l'établissement. Il a tenu, avant son départ, à monter sur l'estrade devant nous, et a eu cette phrase : « Je voudrais présenter mes excuses envers tous ceux que j'ai pu blesser. »

Voilà les scènes que nous vivons, voilà notre différence fondamentale de vécu.

Cette différence n'est pas toujours confortable, elle peut être douloureuse, mais elle est essentielle si nous voulons construire des systèmes éducatifs et économiques réellement inclusifs et efficaces. Je le disais plus haut : si tous les acteurs de l'instruction, à tous les niveaux, y mettent du leur et font preuve de courage, c'est tout un système social et une économie entière qui pourraient être transformés. Il ne s'agit pas de saupoudrer quelques profils atypiques dans les organigrammes ; si tous les ingénieurs automobiles, par exemple, étaient capables de déboulonner un pot d'échappement, c'est toute une industrie qui serait repensée, car les dirigeants comprendraient dans leur chair les réalités concrètes de leur secteur. Avoir dans les fonctions dirigeantes, dans les entreprises ou dans la haute administration des personnes qui ont connu ces réalités, qui savent par expérience ce qu'est la précarité, l'échec scolaire ou les difficultés pratiques d'un métier, change radicalement la manière dont on conçoit des politiques, des produits ou des stratégies économiques. Ces dirigeants ne se contentent pas d'appliquer des solutions théoriques ; ils comprennent les besoins réels et les défis auxquels les gens sont confrontés au quotidien. Il ne s'agit pas de dire que la voie professionnelle est une « école de la seconde chance » ; disons plutôt qu'elle forme des leaders en puissance, capables d'appréhender le monde dans sa complexité.

Un besoin de repenser le travail et le rôle de l'entreprise

La transformation de la voie professionnelle ne relève donc pas simplement de la question scolaire, mais aussi de celle du travail. Le travail ! Pour certains - dont les besoins se situent en haut de la pyramide de Maslow - c'est le lieu de l'épanouissement, de l'accomplissement. Pour d'autres, c'est celui du labeur, de la difficulté. Dans les milieux sociaux les plus fragilisés, le travail est synonyme de sacrifice. Ma génération, entre tous ses mérites, a réussi à poser la question du sens. Quelle contribution mon travail apporte-t-il réellement à la société, et quelle satisfaction est-ce qu'il m'apporte à moi ?

Depuis les années 2010, les entreprises ont des obligations claires en ce qui concerne la désormais incontournable RSE (responsabilité sociétale des entreprises). L'objectif de la responsabilité sociale des entreprises est d'intégrer des pratiques durables et éthiques dans les activités des entreprises pour minimiser leurs impacts environnementaux, sociaux, et économiques. Elle vise à améliorer la relation de l'entreprise avec ses parties prenantes (clients, employés, fournisseurs) tout en contribuant positivement à la société. En valorisant des pratiques responsables, la RSE cherche aussi à renforcer la transparence, la réputation et la performance à long terme de l'entreprise. Soit. Mais quelles implications ces politiques ont-elles réellement eues dans notre vie sociale et collective, et en quoi cela a-t-il changé notre modèle de société ? Il faut d'abord saluer ce qui a été fait – que ce soit par crainte de dégrader son image ou par vraies convictions (nul ne peut sonder les cœurs et les reins). Nombre de fondations ont vu le jour, permettant à d'aussi nombreuses initiatives et associations – dont la mienne – de mener à bien leurs actions. Les questions de l'inégalité, des discriminations liées à l'origine ou au sexe ont fait également une entrée nécessaire au sein des organisations. Maintenant, il serait utile de passer à l'étape supérieure, et plus compliquée. Le rôle social de l'entreprise doit être repensé de sorte que – comme je le préconise en ce qui concerne l'école – ces entreprises ne soient pas des bulles closes dans notre société, mais qu'elles assurent et garantissent une sorte de forum social, avec des responsabilités claires et posées. Face aux défis qui se dressent devant nous, et à la tension sociale permanente qui nous suit de près, nous devons tous assumer notre part du travail, de responsabilité et de transformation, ne pas nous satisfaire des effets d'annonce.

Chaque année, des centaines de milliers d'élèves de la voie professionnelle se retrouvent dans l'obligation de réaliser des stages, appelés périodes de formation en milieu professionnel (PFMP). La durée de ces expériences (entre un et deux mois) et l'exigence qui est y est attachée (le baccalauréat ne peut être obtenu sans la réalisation complète des semaines demandées) en font des objets ambigus : à la fois, leur durée oblige les structures accueillantes à mobiliser du personnel et des ressources sur l'ensemble de la période ; mais à la fois, les compétences ne peuvent être acquises si vite par les élèves qu'ils pourraient les mobiliser pour répondre à la demande d'une entreprise. Moyennant quoi, si ces stages peuvent être un moment révélateur ou un bol d'air pour les élèves, ils se transforment souvent en moment d'ennui – quand ils sont trouvés. La sociologue Prisca Kergoat[1] a rapporté la situation d'élèves, exclusivement féminines, en aide et soins à la personne (ASSP) se retrouvant en stage dans des Ehpad à réaliser des toilettes intimes, ou pires, mortuaires, ce qui constituait un saut brutal dans le monde concret du travail. Je me souviens également d'un proche anciennement scolarisé en classe de bac pro en systèmes numériques qui me racontait comment son insouciance juvénile d'élève de 15 ans s'était envolée : il s'est retrouvé, un matin d'hiver, avec son tuteur en face sur une borne électrique. Ce qui l'a marqué, c'est le fait de ses retrouver, dans ces conditions, à rencontrer, directement, un métier qu'il n'avait pas choisi. Comme s'il s'agissait de la vision d'un futur qu'il n'avait jusque-là pas conscientisé. Ce déclic lui a d'ailleurs fait claquer la porte de sa filière.

Aujourd'hui, la place des entreprises dans la voie professionnelle doit avant tout être pensée comme sociale. Plus qu'un investissement sur l'avenir, il s'agit de contribuer à ce que chacun ait sa place.

---

1. Prisca Kergoat, *De l'indocilité des jeunesses populaires. Apprenti·e·s et élèves de lycées professionnels*, La Dispute, 2022.

Conclusion

Quel avenir en commun ?

En juillet 2024, après une campagne européenne qui a déchaîné les passions comme, me semble-t-il, jamais auparavant, le président de la République a pris l'étonnante décision de dissoudre l'Assemblée nationale et de rappeler les Français au vote, quelques semaines plus tard. Cette décision a été doublement critiquée. D'une part, car elle ne laissait pas le temps nécessaire aux partis pour construire un programme et le présenter ; d'autre part car, s'étant engagé en début de mandat à faire reculer le Rassemblement national, il semblait là lui laisser un boulevard pour prendre les rênes de la politique gouvernementale. Or, on observe une tendance, de la part des formations politiques se qualifiant de républicaines, à peiner à trouver des solutions tangibles et durables pour endiguer réellement et efficacement la montée du parti dirigé par Jordan Bardella.

La campagne qui s'en est suivie a confirmé cette intuition. Est-ce que les fractures sont si béantes que l'idée même d'une rencontre entre des territoires qui ne se parlent pas est d'emblée à éliminer ? La carte des résultats électoraux rendue publique le lendemain des élections européennes dressait un schéma de la France des plus clairs : à part la bulle parisienne et quelques forteresses maigrement éparpillées, toute la France était bleu marine. Toute.

Une question me vint alors : quelle est la suite, l'étape d'après ? Est-ce que nous devons nous résigner à considérer une majorité du territoire français comme ennemi, dans un autre camp en termes de réalités et d'intérêts ? Pouvons-nous encore envisager un avenir commun ? Durant le mois de campagne en juillet, rares sont les fois où j'ai simplement entendu la notion de réconciliation, dans la bouche des dirigeants politiques, tous partis confondus. Depuis maintenant trop longtemps, règne l'impression que nous ne savons pas où nous allons, en tant que Français et membres d'une même communauté. L'impression que le débat politique ne correspond qu'au temps court, celui qui peut permettre une réélection. Certes, il est indispensable de répondre aux urgences et inquiétudes du moment, mais il l'est encore plus de dessiner un horizon pour éviter la course à l'immédiateté et à la surréaction que j'observe depuis ma naissance.

L'école, c'est *le* sujet qui concerne tout le monde. Qui appartient à tout le monde. Tous les Français et toutes les Françaises y ont eu affaire - directement en tant que bénéficiaires, victimes ou observateurs. C'est probablement le sujet commun le plus simple à aborder, mais il déchaîne les passions. Une politique éducative peut à elle seule indiquer les priorités que va prendre un mandat politique. Les autoritaristes face aux laxistes, les laïcistes face aux communautaristes, les pro-uniforme face aux pro-*croptops*, la mixité scolaire face à l'école privée... Voilà quelques exemples de débats qui, s'ils se focalisent sur une institution, disent en réalité la température de notre société tout entière.

C'est une réalité particulièrement visible quand on constate la place de l'école dans les territoires ruraux. Dans ces zones, l'école est souvent bien plus qu'un lieu d'apprentissage. Elle devient parfois le dernier bastion de service public, le dernier espace où la communauté peut se retrouver, échanger et offrir un avenir à des enfants parfois coupés des grandes métropoles. Elle est, peut-être sans le vouloir, un forum social. Le forum social que je plébiscite. Dans ces territoires isolés, l'école représente un lien précieux avec le reste du pays, un espace de socialisation pour des jeunes qui voient autour d'eux les services publics se raréfier, les commerces fermer et les perspectives se réduire. Si l'école vient à fermer dans un village, c'est tout un pan de la vie locale qui disparaît. Elle joue donc un rôle crucial : sans ce repère qu'est l'école, les enfants et les parents se retrouvent démunis, parfois contraints de parcourir des dizaines de kilomètres pour accéder à l'éducation. Cela renforce le sentiment d'abandon dans ces territoires, un abandon qui se reflète ensuite dans le choix des urnes, où une large partie de la France rurale exprime son mécontentement face aux élites urbaines. La fermeture successive des écoles dans ces territoires ravive encore plus ce sentiment. L'argument souvent avancé est celui de la baisse de natalité : pourquoi investir dans une population qui se délite ? La question de fond est précisément là. Le fil conducteur de la décision politique semble d'abord être ramené à des équations quant aux moyens, sans se poser la question des modèles éducatifs. Au lieu de constamment regarder les moyens investis, ne pourrions-nous pas regarder les modèles éducatifs, leurs impacts et leurs apports ?

Ces écoles rurales doivent cependant composer avec des moyens souvent limités, des classes aux effectifs réduits et la menace perpétuelle de leur fermeture. Décidées en fonction d'une logique comptable, ces fermetures sont vécues comme un affront, un désaveu de la part des pouvoirs publics, et alimentent le sentiment que la France se divise en deux, d'un abandon progressif des territoires. Une France des grandes villes, où les ressources sont concentrées, où les écoles disposent des meilleures infrastructures et des enseignants les plus capés s'oppose à une France des campagnes, où tout est plus difficile, plus long, plus distant. Les inégalités territoriales deviennent donc des inégalités scolaires, renforçant le sentiment que le lieu de naissance détermine en grande partie l'avenir.

L'école, dans ces conditions, n'est plus un vecteur d'instruction, mais devient un reflet des fractures géographiques et sociales qui traversent la société. C'est à travers elle que se cristallisent les attentes, les frustrations et les espoirs d'une population. Et c'est par l'école que nous pourrions commencer à réparer ces fractures, si nous nous en donnions les moyens.

L'école dans les quartiers populaires n'est pas non plus un modèle d'égalité et de justice. Comme je l'évoquais, pour beaucoup de parents, seule la scolarité peut faire espérer des jours meilleurs aux enfants. Pourtant, les défaillances successives s'y accumulant démontrent soit un désengagement, soit un mépris, soit une incompétence. Ou peut-être même tout cela à la fois.

On sait que l'administration a tendance à envoyer les jeunes enseignants, tout juste sortis de formation, dans les collèges situés en éducation prioritaire, donc dans les établissements les plus compliqués. Cela s'explique en partie par la répartition des affectations au début de carrière : les jeunes enseignants, souvent sans ancienneté, se voient attribuer des postes dans ces zones plus complexes, car ces postes sont délaissés par des enseignants plus expérimentés. Ces derniers cherchent fréquemment à éviter ces affectations, jugées plus stressantes et exigeantes, et le droit de les fuir est souvent la récompense de leurs efforts. Cela crée une spirale : les jeunes enseignants, parfois démunis face à ces réalités, se retrouvent en première ligne dans des environnements qu'ils ne sont pas toujours préparés à affronter. Cela conduit certains à un découragement précoce, voire à une volonté de quitter la profession. Pourtant, nombreux sont ceux qui persistent, mus par une véritable vocation.

D'après une étude du Syndicat national des enseignements de second degré (SNES-FSU, premier syndicat d'enseignants), 48 % des collèges et lycées français manquent d'au moins un enseignant. Cette situation, déjà problématique à l'échelle nationale, est encore plus flagrante dans les réseaux d'éducation prioritaire (REP) et, plus spécifiquement, dans l'académie de Créteil, tristement célèbre pour ses difficultés. Regroupant trois départements (Seine-Saint-Denis, Seine-et-Marne et Val-de-Marne), ce vaste territoire est particulièrement affecté par la pénurie de personnel éducatif. Les chiffres sont éloquents : 80 % des établissements scolaires y manquent d'enseignants. Oui, 80 % ! Ce manque criant de personnel grève terriblement les ambitions éducatives de ces établissements.

Quelle promesse républicaine lorsque l'on observe un tel manque de moyens humains pour répondre aux exigences de réussite que la République elle-même a posées ? Comment peut-on prôner l'égalité des chances dans de telles conditions ?

Le manque de personnel ne concerne pas seulement les enseignants ; il s'étend à l'ensemble des personnels de vie scolaire, aux assistants pédagogiques et aux conseillers principaux d'éducation, indispensables au bon fonctionnement des établissements. Cette situation déstabilise encore davantage ces écoles, où la gestion du climat scolaire est essentielle pour permettre aux élèves de se concentrer sur leurs apprentissages, quand les difficultés peuvent s'accumuler à l'extérieur. Or, sans équipes éducatives complètes et formées, les établissements peinent à maintenir une atmosphère propice à l'épanouissement scolaire.

Ces carences révèlent une inégalité structurelle : les quartiers populaires sont en première ligne face à ce désengagement institutionnel, comme l'atteste l'absence dans un de nos derniers gouvernements d'un ministère chargé de la politique de la ville, historiquement chargé des quartiers populaires, et des banlieues des grandes villes. Ces établissements scolaires, au même titre que ceux des territoires ruraux, devraient pourtant faire l'objet d'une attention toute particulière, car ils concentrent les élèves les plus fragiles, ceux pour qui l'école représente souvent la dernière chance de réussir, d'éviter la marginalisation. Mais, faute de moyens, c'est une autre forme de reproduction des inégalités qui s'installe, et ceux qui étaient déjà défavorisés se trouvent encore plus pénalisés. Surtout, c'est l'avenir du pays qui en est affecté, par les déviances que l'absence de moyens va engendrer.

L'image de l'école dans les quartiers populaires urbains et celle de l'école en ruralité sont les deux faces d'une même médaille. Celle de territoires abandonnés, sans une once d'espoir. Celle de colères voisines mais inconnues de part et d'autre. Des Gilets jaunes aux révoltes urbaines de 2023, il n'y a qu'un pas ; il y a la même souffrance, la même rage. Tous ces publics fragilisés, blessés, parfois brisés, ce sont ceux de l'enseignement professionnel, l'école de la remédiation. C'est en cela que le lycée professionnel peut se transformer en chance, au-delà de l'aspect purement académique et économique. Il est un moyen de construire un alignement entre des populations qui pensent s'ignorer, mais que la douleur rassemble.

Par exemple, bon nombre d'élèves renoncent à un choix d'orientation faute de solutions de logement et de mobilité. Si l'on souhaite suivre une filière professionnelle sur les métiers du secteur marin ou de la pêche, et que l'on habite en région parisienne, aucun moyen n'est pensé pour accompagner les jeunes dans un projet de mobilité. Il serait alors doublement utile de développer des bourses de mobilité scolaire : pour renforcer un objectif de lutte contre l'orientation subie, en favorisant la satisfaction des jeunes par une affectation dans une voie réellement choisie, et leur permettre également de voir du pays, de bouger. De la même façon, le tropisme européen a rapidement placé la découverte des pays de l'Union européenne en sommet de l'échange culturel... Mais pour combien de jeunes Français la région d'à côté est-elle aussi étrangère qu'un pays lointain ? Il serait, suivant ce même objectif de faire de l'école un moment de cohésion sociale, intéressant d'envisager le développement de jumelages éducatifs nationaux, permettant ainsi aux élèves de la voie professionnelle de bénéficier de stages ou d'autres expériences professionnelles dans des territoires inconnus. Faire se rencontrer les différentes Frances est certainement un des moyens les plus efficaces pour les apaiser. Un Erasmus de proximité, en somme !

L'horizon perdu de notre société ne pourra être retrouvé que si nous retrouvons les fondements mêmes de ce qui nous unit : l'école. Pour que cela fonctionne, pour que l'école soit véritablement ce moteur de cohésion et d'avenir, des moyens considérables doivent être déployés. Ces moyens doivent être à la hauteur des enjeux : repenser l'éducation, non seulement en termes de contenus pédagogiques, mais aussi en termes d'infrastructures, de soutien aux enseignants et de conditions d'apprentissage pour chaque enfant, quel que soit son milieu social ou son territoire.

Repensons donc l'école comme un lieu de construction du citoyen, un lieu où se forge la capacité à penser, à critiquer, à comprendre le monde dans lequel on évolue. Il ne s'agit pas seulement d'ajouter quelques heures de cours ou de rénover des bâtiments, bien que ces mesures soient nécessaires. Il s'agit de revoir l'ensemble de notre approche de l'éducation, de repenser la mission de l'école dans notre société contemporaine.

La mission est donc bien plus complexe qu'elle ne l'a été dans le passé. Autrefois, l'école devait former des travailleurs, des ouvriers, des fonctionnaires ; aujourd'hui, elle doit former des citoyens du monde, capables de faire face à des enjeux globaux comme le changement climatique, les migrations, les bouleversements technologiques, les crises économiques récurrentes. Cela implique de développer chez les élèves non seulement des compétences techniques, mais aussi une capacité à innover, à penser de manière critique, à coopérer avec les autres, à comprendre la diversité et à évoluer dans un monde en perpétuelle mutation.

Ce projet ambitieux nécessite des moyens importants. Il ne peut plus être question de lésiner sur les budgets alloués à l'éducation. Ce n'est pas une dépense, mais un investissement à long terme pour l'avenir de la France.

Revaloriser le métier d'enseignant, par exemple, est un des premiers chantiers à entreprendre. Les enseignants sont aujourd'hui au cœur d'un système qui leur demande de toujours en faire plus avec moins. Ils sont confrontés à des classes surchargées, à des élèves en difficulté, à des parents parfois méfiants ou déconnectés du monde scolaire, et à des réformes successives qui n'ont fait que brouiller leur mission. Les former mieux, les soutenir, les rémunérer à la hauteur de leur rôle central dans la société, voilà ce qui doit être une priorité.

Ensuite, il y a la question des infrastructures scolaires. De nombreuses écoles, collèges et lycées, notamment dans les quartiers populaires, sont dans un état déplorable. Ces bâtiments, souvent vétustes, mal isolés, peu adaptés aux besoins pédagogiques modernes, sont le reflet d'un désengagement des pouvoirs publics envers l'éducation dans certaines zones. Comment espérer que des élèves s'investissent dans leur scolarité lorsqu'ils étudient dans des locaux insalubres, sans ressources suffisantes, avec du matériel obsolète ?

Mais au-delà des infrastructures, il y a aussi le contenu même de l'éducation. L'école doit devenir un espace où l'on apprend à vivre ensemble, à respecter les différences, à s'interroger sur le monde, et à construire un avenir commun. Cela passe par une révision des programmes scolaires, qui doivent mieux intégrer les enjeux contemporains. La question climatique, par exemple, doit être au centre de l'apprentissage dès le plus jeune âge. Les compétences numériques, également, doivent être développées pour permettre aux élèves de naviguer dans un monde de plus en plus connecté. L'apprentissage des langues, l'ouverture à la culture, la pratique artistique et sportive doivent être renforcés pour offrir à chaque enfant les moyens de s'épanouir pleinement.

L'enjeu, enfin, est de redonner confiance aux familles dans l'école. Trop de parents, notamment dans les quartiers populaires, se sentent abandonnés par le système éducatif. Ils perçoivent l'école comme un lieu où leurs enfants ne pourront pas réussir, où les inégalités se reproduisent plutôt qu'elles ne se réduisent. Il est donc crucial d'associer davantage les familles au parcours scolaire de leurs enfants, de les soutenir dans leur rôle éducatif. Cela passe par une meilleure communication, par des actions concrètes pour impliquer les parents dans la vie de l'école, par des programmes de soutien et d'accompagnement pour les familles en difficulté.

L'école n'est pas un îlot isolé dans la société. Elle est au cœur de notre projet de société. La tâche est immense, mais elle est indispensable. Il n'y a pas d'autre voie possible si nous voulons réconcilier les citoyens avec les institutions, si nous voulons redonner confiance dans notre contrat social, dans la justice, et dans l'avenir de notre pays.

Le premier pas vers la guérison est la reconnaissance de la maladie.

Il est temps d'agir. Il est temps de faire de l'éducation la priorité absolue. Il est temps de remettre l'école au centre du projet républicain. Les moyens existent, les compétences aussi. Il ne manque que la volonté politique et collective pour engager ce grand chantier, pour redonner à l'école la place qu'elle mérite dans notre société, pour que chaque enfant, quels que soient son origine, son milieu social, son territoire, puisse réussir et s'épanouir.

Pour refaire France, en entier.

Et pour que notre passage sur Terre ne soit pas vain.

Annexe

Liste des transformations durables proposées

- **Objectif de politique publique « 0 % d'orientation subie » :** Cet objectif permettrait de garantir que chaque élève sera acteur de son propre parcours éducatif. D'abord, il faut reconnaître, et ensuite agir. L'orientation subie, qui conduit souvent des élèves vers des filières perçues comme de « seconde classe », est une source importante de décrochage scolaire et de démotivation. Déclarer cet objectif comme priorité publique, c'est affirmer que chaque élève mérite de pouvoir choisir son avenir en fonction de ses aspirations et de ses compétences, et non d'une décision administrative imposée. Cela nécessiterait une refonte des mécanismes de conseil et d'accompagnement à l'orientation pour mettre l'accent sur les désirs des élèves, et l'investissement dans des ressources humaines formées à mieux comprendre et soutenir les projets individuels.

- **Garantie du dernier choix de l'orientation aux élèves et aux familles :** En garantissant le dernier mot aux élèves et à leurs familles, on donne un pouvoir de décision crucial aux principaux intéressés dans le cadre de l'orientation. L'expérimentation menée par Vincent Peillon en 2014 a démontré que cet acte favorisait la motivation et l'engagement des élèves. Cette mesure permettrait de renforcer la confiance des familles dans le système éducatif, tout en responsabilisant les élèves vis-à-vis de leur choix. Elle réduirait aussi le ressentiment envers le système scolaire, où de nombreux élèves se sentent enfermés dans un parcours par défaut. Donner cette garantie, c'est permettre aux jeunes de se sentir respectés et valorisés dans leur parcours éducatif.

- **Réservation systématique de places dans les gouvernances des établissements scolaires aux acteurs sociaux du territoire :** Intégration systématique, au même titre que les enseignants, des acteurs sociaux et économiques du territoire au sein des conseils d'administration des collèges. Cette mesure est pensée pour décloisonner l'institution scolaire, qui, peut-être sans le vouloir, peut s'isoler du reste du territoire dans lequel elle est en mission éducative. Cela permettrait également de penser le jeune indépendamment de son statut d'élève, ce qui favoriserait une meilleure compréhension de ses besoins et souhaits, notamment au moment de l'orientation en fin de troisième.

- **Gouvernance tournante des Cités éducatives :** Une gouvernance tournante des Cités éducatives permettrait de donner davantage de pouvoir aux acteurs locaux, tels que les associations de quartier, les parents d'élèves et même les élèves eux-mêmes, dans le pilotage des politiques éducatives locales. Ce modèle offrirait une vision renouvelée de la démocratie locale, où chaque acteur du territoire aurait l'occasion de porter des projets et d'influencer la direction éducative de son territoire, là où ces dispositifs sont aujourd'hui dirigés par les mairies et les préfectures, avec le manque d'objectifs et les lots de rapports politiques que cela peut naturellement impliquer.

- **Créneaux réservés aux associations au sein des établissements scolaires :** Réserver des créneaux horaires spécifiques pour les associations dans le cadre du dispositif « École ouverte 8 h-18 h » permettrait de renforcer le lien entre les établissements scolaires et leur environnement local. Les associations jouent un rôle clé dans la vie d'un territoire, souvent en soutien de l'Éducation nationale, quand bien même cette dernière refuse de le voir. En leur offrant un accès permanent aux établissements, les associations peuvent apporter une valeur ajoutée aux élèves, enrichissant de façon significative la vie du collège.

- **Quotas d'accueil d'élèves de voie professionnelle au sein des entreprises :** Instituer des quotas obligatoires pour l'accueil des élèves de la voie professionnelle au sein des entreprises permettrait de garantir une véritable opportunité de formation en milieu professionnel. Les périodes de formation en milieu professionnel (PFMP) sont un élément central de la formation des élèves en voie professionnelle, autant sur le plan scolaire que social, mais l'accès aux entreprises reste inégal. Rendre cette obligation systématique encouragerait les entreprises à s'engager davantage pour la formation des jeunes, tout en permettant aux élèves d'accéder à des expériences de terrain cruciales pour la validation de leur diplôme et leur insertion future.

- **Obligation pour les établissements de l'enseignement supérieur de permettre l'accueil des élèves diplômés de la voie professionnelle :** Cette idée vise à permettre à tous les élèves de la voie professionnelle, dans la mesure des exigences justifiées des établissements de l'enseignement supérieur et de la recherche, d'y avoir accès. Cela leur permettrait de ne plus être limités à des emplois à faible évolution et de s'intégrer plus largement dans la société, participant ainsi à la revalorisation de la voie professionnelle en tant que tremplin vers des opportunités diversifiées.

- **Création d'un indice national de l'orientation :** Un indice national de l'orientation fournirait chaque année une analyse rigoureuse des dynamiques d'orientation sur le territoire. Cet outil permettrait de mesurer l'efficacité des politiques éducatives en matière d'orientation, d'identifier les biais ou inégalités persistants, et de suivre la manière dont les élèves accèdent aux différentes filières. En disposant de données précises, les décideurs politiques pourraient ajuster les stratégies d'orientation pour corriger les déséquilibres. Cet indice offrirait également une plus grande transparence aux familles et aux élèves, qui pourraient ainsi mieux se situer par rapport aux choix et aux opportunités offerts sur l'ensemble du territoire.

- **Réintégration de l'enseignement secondaire dans les dispositifs d'éducation prioritaire :** Depuis 2021, les lycées (généraux, technologiques et professionnels) ne font plus partie des dispositifs d'éducation prioritaire, censés accompagner les établissements rencontrant des difficultés sur le plan social dans la résorption des inégalités. Pourtant, les lycées professionnels sont particulièrement touchés par des difficultés qu'ignorent parfois les collèges. Il est donc indispensable d'apporter, d'une part, une reconnaissance des problématiques présentes, et d'une autre, des moyens concrets.

- **Lancement d'une grande concertation sur la carte des formations :** Les cartes des formations proposées en voie professionnelle concentrent à la fois beaucoup d'espoir pour bon nombre de branches économiques, et relèvent d'un enjeu de stratégie en termes de souveraineté dans les secteurs stratégiques. Elles participent aussi à la difficulté d'envisager la mobilité professionnelle et sociale, par leur similitude au niveau du salaire et du statut social. Il serait donc nécessaire de construire une réflexion collective afin de déterminer les filières qui devraient être fermées, ouvertes, mais aussi celles qu'il faudrait créer de toutes pièces afin de durablement changer l'image du lycée professionnel, en ce qu'il propose.

- **Bourse à la mobilité scolaire ;** Créer une bourse à la mobilité scolaire offrirait aux élèves la possibilité de suivre une formation professionnelle qui n'est pas disponible dans leur région d'origine. Ce dispositif permettrait de réduire les inégalités géographiques en matière d'accès aux formations spécialisées. Il répondrait aux aspirations des élèves qui souhaitent se former dans des domaines spécifiques non disponibles localement, tout en contribuant à l'équité des chances. La mobilité, financée par une bourse, favoriserait aussi l'ouverture culturelle des élèves et leur autonomie, des qualités essentielles dans leur parcours de formation et leur future insertion professionnelle.

- **Suppression de l'enseignement technologique :** L'enseignement technologique est une innovation française. Quasiment absent chez nos voisins, il peine à trouver une place de choix dans les parcours, et à créer de la distinction dans les trajectoires d'orientation post-bac. De plus, il est aussi victime du système de tri social, cette fois-ci à la fin de la seconde générale. L'absorption de l'enseignement technologique par la voie professionnelle permettrait en plus de voir de nouvelles filières être accessibles à des élèves qui, jusqu'à maintenant, n'y ont pas accès, à l'image des filières artistiques ou scientifiques.

- **Contrats d'engagement éducatif :** Les contrats d'engagement éducatif seraient destinés aux personnes déjà en emploi dans un établissement scolaire, tels les assistants d'éducation, qui sont aussi engagés localement dans des activités associatives, sportives, artistiques ou sociales (par exemple, en tant que coachs d'une équipe de football). Ces contrats auraient pour objectif de permettre une continuité entre leur emploi au sein des établissements scolaires et leur engagement sur le terrain. Ainsi, les établissements scolaires pourraient tirer parti de la connaissance approfondie du terrain que ces jeunes possèdent grâce à leur double engagement. Le but est d'assurer une meilleure articulation entre l'activité périscolaire et la mission éducative des écoles, tout en reconnaissant et valorisant le rôle central que ces jeunes jouent dans leurs communautés locales. Cela pourrait renforcer la cohésion entre l'école et son environnement, tout en offrant aux élèves un accompagnement adapté à leurs besoins, grâce à des professionnels connaissant bien les dynamiques locales.

- **Jumelages nationaux :** Ces programmes de jumelages interrégionaux visent à créer des opportunités de rencontre et d'échange entre des élèves de différentes régions, à travers leurs enseignements professionnels. Cette initiative offrirait la possibilité aux jeunes de découvrir d'autres territoires, d'appréhender différentes cultures locales et de s'imprégner des réalités socio-économiques variées de la France. Elle permettrait de travailler concrètement sur les fractures sociales et territoriales en créant des liens humains forts au-delà des frontières régionales. Ces échanges seraient un levier pour la cohésion nationale, élargissant les horizons des élèves et leur ouvrant des perspectives professionnelles au-delà de leur environnement initial, tout en favorisant une meilleure compréhension de la diversité du pays.

Table

Composition et mise en pages
Nord Compo à Villeneuve-d'Ascq

CET OUVRAGE
A ÉTÉ ACHEVÉ D'IMPRIMER
SUR ROTO-PAGE
PAR L'IMPRIMERIE FLOCH À MAYENNE
EN FÉVRIER 2025

N° d'impression : 106433
Imprimé en France